T0054794

Globalización

Globalización
Una breve introducción
Manfred B. Steger
Traducción de Joan Soler Chic

Antoni Bosch editor, S.A.U.
Manacor, 3, 08023 Barcelona
Tel. (+34) 932 060 730
info@antonibosch.com
www.antonibosch.com

Globalization. A Very Short Introduction was originally published in English in 2018 (first published 1980). This translation is published by arrangement with Oxford University Press. Antoni Bosch editor is solely responsible for this translation from the original work and Oxford University Press shall have no liability for any errors, omissions or inaccuracies or ambiguities in such translation or for any losses caused by reliance thereon.

Globalization. A Very Short Introduction fue originalmente publicada en 2018 por Oxford University Press (primera edición 1980). Esta traducción ha sido publicada de acuerdo con Oxford University Press. Antoni Bosch editor es el único responsable de esta traducción de la obra original, y Oxford University Press no tiene ninguna responsabilidad en caso de errores, omisiones o ambigüedad en los términos de la traducción.

ISBN: 978-84949331-2-7
Depósito legal: B. 4739-2019

Diseño de cubierta: Compañía
Maquetación: JesMart
Corrección de pruebas: Ester Vallbona
Impresión: Prodigitalk

Índice

Prefacio a la cuarta edición

Es una gratificante experiencia presentar a los lectores la cuarta edición de un libro breve que ha sido tan bien recibido, no solo en el mundo de habla inglesa sino también, como revela el dato de las traducciones, en el conjunto del planeta. La necesaria tarea de actualizar y ampliar la tercera edición a la luz de un gran número de problemas apremiantes globales –como la creciente desigualdad social, el repunte del terrorismo internacional bajo el liderazgo del Estado Islámico, el empeoramiento de la crisis climática, el aumento de los flujos de refugiados procedentes de África y Oriente Medio, o la inesperada victoria de Donald Trump en las elecciones presidenciales norteamericanas– hace que sea difícil que un libro sobre un asunto tan complejo como la globalización sea corto y accesible. Este desafío se vuelve aún más mayúsculo en el caso de una «muy breve» introducción. Por esto, a los autores de las introducciones breves ya existentes sobre el tema les ha parecido sensato concentrarse solo en uno o dos aspectos –por lo general, la revolución de las TIC y la entrelazada aparición del sistema económico global, su historia, su estructura y sus supuestas ventajas y carencias–. Aunque son útiles para explicar las complejidades de los nuevos dispositivos digitales y las plataformas de redes sociales que conectan a personas a través de las fronteras, la política comercial internacional, los mercados financieros globales, los flujos planetarios de bienes, servicios y fuerza de trabajo, las empresas transnacionales y la externalización de empleos a regiones en desarrollo, estas descripciones tan cortas suelen procurar al lector general un conocimiento limitado de la globalización, como si fuera sobre todo un fenómeno económico en el que inciden tecnologías digitales de vanguardia.

Aunque el análisis de una dinámica así debería formar parte de cualquier explicación exhaustiva de la globalización, difícilmente podemos detenernos aquí. Como las capacidades transformadoras de la globalización llegan a todos los aspectos de la vida social contemporánea, el presente libro defiende la idea de que lo mejor es considerar la globalización como un conjunto multidimensional de procesos objetivos y subjetivos que se resiste a su confinamiento en un marco temático particular. De hecho, la globalización contiene importantes aspectos culturales e ideológicos en forma de historias, símbolos y significados con gran carga política que definen, describen y analizan el proceso propiamente dicho. Los medios globales y otras fuerzas sociales subyacentes a estas descripciones encontradas de la globalización pretenden dotar a este concepto de normas, valores y conocimientos que no solo legitimen y promuevan intereses de poder, sino que también moldeen las identidades personales y colectivas de miles de millones de personas. Al fin y al cabo, es ante todo la cuestión normativa de si la globalización debe ser considerada «buena» o «mala» lo que ha generado acalorados debates tanto en las aulas y salas de conferencias como en la calle.

Ciertos expertos celebran la globalización por su capacidad para sacar a millones de personas de la pobreza y proporcionar comunicación y acceso instantáneo a la información. Otros la condenan calificándola de fuerza destructora destinada a aniquilar valores comunitarios tradicionales, destruir el planeta y aumentar las desigualdades entre las personas más allá de unos niveles sostenibles. Paradójicamente, los defensores de una y otra perspectiva esgrimen argumentos sólidos y citan un sinfín de datos empíricos para respaldar sus respectivas opiniones. Con independencia de la postura preferida de cada uno, es importante mantener una actitud crítica que preste atención a las dinámicas de poder implicadas en la globalización.

Siguiendo este imperativo crítico, el libro supone un texto tanto descriptivo como explicativo de diversas dimensiones de la globalización, incluyendo sus aspectos ideológicos y sus consecuencias normativas. En todo caso, mi enfoque crítico no debería interpretarse como un rechazo de lleno a la globalización propiamente dicha. Al fin y al cabo, uno puede poner en entredicho las prácticas de las empresas multinacionales y, al mismo tiempo, valorar el papel de los mercados regulados a la hora de facilitar intercambios materiales esenciales necesarios para el bienestar humano. En términos generales, la globalización me parece bien. Creo que nos debe reconfortar el hecho de que el mundo está convirtiéndose en un lugar más interdependiente que incrementa las posibilidades de la gente de conocer su condición humana común a través de fronteras políticas y divisiones culturales establecidas arbitrariamente. También acepto de buen grado el flujo de ideas y mercancías, amén del desarrollo tecnológico sostenible, siempre y cuando vaya acompañado de mayores grados de libertad e igualdad para todas las personas, sobre todo las que viven en las regiones desfavorecidas del Sur global.

En la actualidad, el estudio de la globalización se extiende más allá de cualquier disciplina académica individual. No obstante, la inexistencia de una esfera sólida también ofrece grandes oportunidades. «Estudios globales» ha surgido como un popular y nuevo campo de análisis académicos organizados en torno a cuatro pilares conceptuales principales: globalización, transdisciplinariedad, espacio y tiempo, y pensamiento crítico. En todos los continentes se han puesto en marcha centenares de programas de «estudios globales» que invitan a los alumnos a estudiar la globalización cruzando las fronteras disciplinarias en los ámbitos de las ciencias sociales, las humanidades e incluso las ciencias naturales. Importantes programas de estudios globales, como el de la University of California en Santa Bárbara, han atraído a más de mil estudiantes universitarios. Los estudios globales alientan a los alumnos a familiarizarse con inmensas bibliografías sobre temas afines que, por lo general, se estudian separadamente unos de otros. Por tanto, el principal problema que afronta la nueva área es el de conectar y sintetizar las diversas ramas del conocimiento de una manera que haga justicia al carácter cada vez más fluido e interdependiente de un mundo en rápida evolución.

Terminaré este prefacio dejando constancia de mis deudas de gratitud. Quiero dar las gracias a mis colegas y alumnos de la University of Hawai'i-Mānoa y al Royal Melbourne Institute of Technology (RMIT University). Debo un agradecimiento especial a Paul James, director del Instituto para la Cultura y la Sociedad en la Siydney University, por su constante aliento intelectual y su amistad leal. Valoro la implicación de colegas míos de todo el mundo que han canalizado gran parte de su entusiasmo por el estudio de la globalización hacia la creación del Consorcio de Estudios Globales, una organización profesional transcontinental dedicada a fortalecer el nuevo campo transdisciplinar. También deseo manifestar mi profundo agradecimiento a numerosos lectores, críticos y públicos de todo el mundo que durante casi dos décadas han hecho perspicaces comentarios en respuesta a mis conferencias y publicaciones sobre el tema de la globalización. El doctor Franz Broswimmer, querido amigo e innovador ecologista, merece una mención especial por haberme suministrado valiosa información sobre los aspectos ecológicos de la globalización. Andrea Keegan y Jenny Nugee, mis editoras en Oxford University Press, han sido espléndidos ejemplos de profesionalidad y competencia. Por último, quiero dar las gracias a mi esposa, Perle, así como a las familias Steger y Besserman, por su amor y su apoyo. Muchas personas han contribuido a mejorar la calidad del libro; los fallos que aún puedan haber quedado son de mi entera responsabilidad.

Lista de abreviaturas

a. C.	Antes de Cristo
AOL	America Online
APEC	Cooperación Económica Asia-Pacífico
ASEAN	Asociación de Naciones del Sudeste Asiático
BCE	Banco Central Europeo
CFC	Clorofluorocarbonos
CFG	Crisis Financiera Global
CITES	Convención sobre el Comercio Internacional de Especies Amenazadas de Flora y Fauna Silvestres
CMNUCC	Convenio Marco de las Naciones Unidas sobre el Cambio Climático
d. C.	Después de Cristo
ETN	Empresas Transnacionales
FBI	Buró Federal de Investigaciones de los Estados Unidos
FEM	Foro Económico Mundial
FIFA	Federación Internacional de Fútbol Asociación
FMI	Fondo Monetario Internacional
FSM	Foro Social Mundial

G8	Grupo de los Ocho
G20	Grupo de los Veinte
GATT	Acuerdo General sobre Aranceles Aduaneros y Comercio
GICC	Grupo Intergubernamental de la ONU para el Cambio Climático
IED	Inversión Extranjera Directa
IRS	Servicio de Impuestos Internos de los Estados Unidos
ISIS	Estado Islámico de Irak y el Levante
MJG	Movimiento por la Justicia Global
MSF	Médicos sin Fronteras
NAFTA	Acuerdo de Libre Comercio de América del Norte
NOAA	Administración Nacional Oceánica y Atmosférica de los Estados Unidos
OCDE	Organización para la Cooperación y el Desarrollo Económicos
OMC	Organización Mundial del Comercio
OMS	Organización Mundial de la Salud
ONG	Organización no Gubernamental (oenegé)
ONU	Organización de Naciones Unidas
OPEP	Organización de Países Exportadores de Petróleo
OTAN	Organización del Tratado del Atlántico Norte
PIB	Producto Interior Bruto
TIC	Tecnologías de la Información y la Comunicación
UE	Unión Europea
UEFA	Unión de Asociaciones Europeas de Fútbol

UNCTAD	Conferencia de las Naciones Unidas sobre Comercio y Desarrollo
UNESCO	Organización de las Naciones Unidas para la Educación, la Ciencia y la Cultura
UNICEF	Fondo de las Naciones Unidas para la Infancia

Lista de ilustraciones

Lista de mapas

Lista de figuras

1
Globalización: un concepto polémico

Aunque la aparición del término *globalización* en lengua inglesa se remonta a la década de 1930, el concepto tardó más de un siglo en asaltar el mundo. En los noventa, *globalización* se convirtió en la palabra de moda, pues captaba la naturaleza cada vez más interconectada de la vida social en el planeta, algo en lo que intervienen decisivamente la revolución de las TIC y la integración global de los mercados. Veinticinco años después, la globalización sigue siendo un tema candente. De hecho, es posible encontrar millones de referencias al término en el espacio tanto virtual como impreso.

Por desgracia, sin embargo, los primeros superventas sobre el asunto –por ejemplo, *El fin del estado-nación*, de Kenichi Ohmae, o *El Lexus y el olivo*, de Thomas Friedman– dejaron en los lectores la simplista impresión de que la globalización era un monstruo imparable que extendía la lógica del capitalismo y los valores occidentales aniquilando las tradiciones locales y las culturas nacionales. Esta influyente idea de la globalización como despiadada apisonadora tecnoeconómica que aplasta las escalas local, nacional y regional adoptaba asimismo la forma de espectro de la «americanización» que acosa al resto del mundo.

Estos temores o deseos generalizados, dependiendo de cómo se sintiera uno con respecto a este tipo de fuerzas homogeneizadoras, se intensificaron en la década de 2000, durante la denominada «guerra global contra el terrorismo» encabezada por la superpotencia militar global, los Estados Unidos. Además, los actuales debates públicos sobre el estatus de potencia de Norteamérica en la época de Trump y el correspondiente ascenso de los «BRICS» (Brasil, Rusia, India, China y Sudáfrica) no han ayudado mucho a suavizar esta popular dicotomía que enfrenta a Occidente contra el resto. Como consecuencia de ello, a muchas personas todavía les cuesta mucho reconocer la globalización como lo que es: una dinámica compleja y desigual que relaciona lo local (y lo nacional y regional) con lo global –y también el Oeste con el Este, el Norte con el Sur.

Como ilustración de esta idea mucho más matizada de la globalización como un «nexo global-local» espesante –o lo que algunos expertos en estudios globales denominan «glocalización»–, veamos el acontecimiento deportivo más popular del planeta: el Mundial de Fútbol. Organizado por primera vez en 1930 por la Federación Internacional de Fútbol Asociación (FIFA), el evento pronto fue considerado el principal torneo que enfrentaba a unos países contra otros en la implacable búsqueda de la gloria patriótica. Desde entonces, la Copa del Mundo se ha celebrado cada cuatro años (excepto en 1942 y 1946) en países anfitriones de todos los continentes menos Oceanía. De hecho, esta rotación transnacional de países organizadores sumada al nombre del acontecimiento –«Copa del Mundo» en vez de «Copa de las Naciones»– nos da un primer indicio de por qué no hay que separar de manera estricta lo global de lo nacional. En todo caso, adentrémonos más en el asunto y tengamos en cuenta hechos aún más reveladores. Efectivamente, la Copa del Mundo de 2014 esclarecerá las complejas dinámicas «glocales» que definen el fenómeno que se ha venido en llamar «globalización».

El nexo global-local y el Mundial de Brasil

La vigésima Copa del Mundo de la FIFA de equipos nacionales masculinos se celebró en Brasil entre el 12 de junio y el 13 de julio de 2014. Competían por el codiciado trofeo dorado las 32 mejores selecciones de un total de 207 contendientes originales. Entre ellas se incluían cinco de África, cuatro de Asia, trece de Europa, cuatro de Norteamérica y Centroamérica y seis de Sudamérica. Se disputaron 64 partidos en 12 ciudades brasileñas, lo que supuso una cifra de asistentes en directo superior a los cinco millones. En junio de 2014 visitaron Brasil más de un millón de turistas de todo el mundo, lo que refleja un aumento de casi el 300 % con respecto a junio de 2013. Más del 70 % de los turistas internacionales llegaron en avión, el 27 % por tierra y el resto en barco. La FIFA recibió más de 11 millones de peticiones de entradas para los partidos, pero entre el público en general solo se pudieron distribuir con antelación tres millones (véase figura A).

Las dinámicas globales-locales son aquí bastante obvias: las selecciones nacionales juegan en estadios brasileños frente a una mezcla de espectadores locales, nacionales y globales, así como ante una audiencia global virtual que ve los partidos por televisión o

País	Número de entradas asignadas al público (según residencia)
Brasil	1.636.294
Estados Unidos	203.964
Argentina	63.128
Alemania	60.991
Inglaterra	58.690
Colombia	52.509
Australia	40.902
Chile	40.200
Francia	35.347
México	35.006
Canadá	30.026
Japón	22.942
Suiza	17.880
Holanda	16.374
Uruguay	16.142
España	13.886
Israel	12.443
Ecuador	11.762
Federación Rusa	10.858
Italia	10.155

A. Asignaciones globales de entradas para el Mundial de Fútbol de Brasil de 2014. *Fuente:* datos tomados de «Global Ticket Allocations for the 2014 FIFA World Cup in Brazil», http://resources.fifa.com/mm/document/tournament/competition/02/44/29/89/fifaworldcupinnumbers_120714_v7_eng_neutral.pdf

mediante dispositivos digitales en *streaming*. De hecho, el Mundial de Brasil se siguió en todos y cada uno de los países y territorios de la Tierra. La cobertura doméstica de la competición alcanzó una audiencia de 3.200 millones de personas –el 45 % de la población mundial–, que presenciaron al menos unos minutos del acontecimiento. La friolera de 695 millones de personas siguieron como mínimo veinte minutos consecutivos de la final entre la vencedora, Alemania, y la subcampeona, Argentina.

Los asuntos de dinero relacionados con la Copa del Mundo son igualmente «glocales» por naturaleza. Las autoridades brasileñas dedicaron aproximadamente 13.000 millones de dólares a financiar el megaevento, de los cuales 2.000 millones se destinaron a medidas de seguridad. Aun así, el Mundial fue un buen negocio para el país anfitrión. Según el ministro brasileño de Turismo, los turistas y la inversión aportarían 13.500 millones de dólares en el transcurso de un año y unos 90.000 millones de ingresos adicionales a lo largo de diez años. Los proyectos de infraestructuras ligados a la Copa del Mundo generaron por sí solos un millón de puestos de trabajo, 710.000 de los cuales acabaron siendo fijos. Durante el período de cuatro años comprendido entre 2010 y 2014, los partidos generaron unos ingresos de 4.800.000 dólares para la FIFA, de los cuales 2.400.000 correspondían a derechos televisivos y 1.600.000 a patrocinios, de tal modo que los contratos más importantes estaban firmados por ETN tan poderosas como Adidas, Coca-Cola, Visa, Emirates, McDonalds, Castrol, Sony, Hyundai Motor Group, Johnson & Johnson y Budweiser. Cuando hubo terminado el megaevento, el 13 de julio de 2014, la FIFA se había embolsado un cuantioso beneficio neto de 338 millones de dólares, lo cual elevó las reservas económicas de la organización transnacional por encima de los 1.500 millones de dólares.

El balón oficial de la Copa del Mundo también fue un espectacular ejemplo de la dinámica global que constituye la globalización. Suministrado por Adidas, una próspera ETN con sede en Alemania, el balón recibió el nombre de «Brazuca» gracias a los votos de más de un millón de brasileños en un concurso llevado a cabo a través de los medios y redes sociales. *Brazuca* significa en portugués «nuestro colega», y los brasileños lo emplean para definir el orgullo nacional por su estilo de vida. No obstante, pese a su aparente identidad local y nacional, los Brazucas fueron fabricados por trabajadores mal pagados de la empresa Forward Sports, ubicada en la ciudad paquistaní de Sialkot (se hicieron balones de imitación en China). Concebido para tener una trayectoria más precisa y repetible, los prototipos del Brazuca se probaron en toda clase de climas y altitudes de diez países ubicados en tres continentes. Estos ensayos requirieron casi tres años e implicaron a 600 jugadores internacionales para garantizar que el Brazuca funcionara bien en todas las posiciones de juego. Por último, el balón contenía compuestos químicos fabricados en varios países y plásticos generados por petróleo importado de Oriente Medio y Noruega. Buques portacontenedores de gran tamaño construidos en Corea del Sur llevaron los balones de ensamblado transnacional a aficionados al fútbol del mundo entero.

¿Qué tienen en común Lionel Messi y J. Lo?

Sin embargo, quizá la ilustración más llamativa de cómo la globalización surge simultáneamente dentro y a través de todas las escalas geográficas implica a dos de las superestrellas más famosas del Mundial brasileño: el astro argentino Lionel Andrés Messi, el jugador más valioso del torneo, y la cantante-artista norteamericana Jennifer Lopez. «J. Lo» interpretó el himno oficial de la Copa del Mundo de fútbol de 2014 en la ceremonia inaugural junto al rapero cubano-norteamericano Armando Christian Pérez («Pitbull») y la famosa cantante-compositora brasileña Claudia Leitte («Claudinha»).

Nacido en 1987, en Rosario, Argentina, en una familia de clase trabajadora de origen italiano y español, el pequeño «Leo», como llamaban a Lionel, desarrolló una gran pasión por el fútbol a muy temprana edad. No obstante, su futuro como jugador profesional se vio amenazado cuando a los diez años se le diagnosticó una deficiencia en la hormona del crecimiento, enfermedad que requería 1.000 dólares mensuales en tratamientos hormonales. Sin posibilidades de pagar las inyecciones en un país arruinado por la crisis económica de 1999-2001 –tema sobre el que volveremos a hablar en el capítulo 3–, la familia Messi pidió ayuda a parientes de Cataluña, en España. Por otro lado, Lionel acabó fichando por el legendario Club de Fútbol Barcelona –también conocido como «Barça»– pese a contar apenas 13 años. En 2001, toda la familia Messi se mudó a Barcelona y se instaló en un piso cercano al mítico estadio del club: el Camp Nou. Aunque Lionel ha permanecido durante toda su carrera en Barcelona, también ha mantenido estrechos lazos con su ciudad natal de Rosario, e incluso se niega a vender la antigua casa familiar. De hecho, el icono global del fútbol suele referirse a sí mismo como «un chico de barrio» argentino. Al mismo tiempo, no solo ha contribuido a la gloria futbolística de su ciudad española de adopción, sino que también ha aceptado la tarea global de actuar como incansable embajador de buena voluntad de UNICEF, comprometido en labores benéficas cuyo objetivo es ayudar a niños vulnerables de todo el mundo. Sin embargo, la imagen positiva de Messi se vio empañada cuando un tribunal de Barcelona consideró que él y su padre eran culpables de fraude fiscal, condenándolos a penas suspendidas de cárcel y a elevadas multas económicas.

La carrera de Messi en el Barça es material de leyenda futbolística. Considerado por algunos el mejor jugador de todos los tiempos, el delantero argentino ha superado todos los récords del club y ha conducido a su equipo a la consecución de siete campeonatos de liga, cuatro copas de liga de campeones y tres copas del rey. Hasta la fecha, Messi ha sido el único futbolista de la historia en ganar el Balón de Oro de la FIFA al mejor jugador del mundo cinco veces, cuatro de las cuales de forma consecutiva, entre 2009 y 2012. También ha conseguido tres Botas de Oro europeas. Máximo goleador histórico de la liga (más de 300 goles) y también en un solo partido de la Champions (cinco tantos), el mago del fútbol de 31 años marcó su gol número 500 el 3 de febrero de 2016 en un partido entre el Barça y el Valencia CF. Ese mes, la impresionante popularidad global de Messi se reflejó en la asombrosa cifra de 81.364.376 «me gusta», que honraron su página de Facebook.

Pese a sus destacados logros en el Barça, hasta la fecha los momentos más brillantes de Lionel Messi se han producido en la escena global de Brasil, donde llevó a su selección hasta un magnífico segundo puesto (véase ilustración 1). Esto convirtió a Argentina en el país sudamericano más exitoso del Mundial de 2014, superando a la superpotencia Brasil, abatido anfitrión que acabó en un decepcionante cuarto puesto. Luciendo orgulloso la camiseta número 10 a rayas blancas y azules, Messi deslumbró a los aficionados locales

1. Lionel Messi tras marcar un gol en el Mundial de 2014.

y globales por igual con sus habilidades con el balón, su velocidad, su elegancia y su instinto goleador. Aunque su equipo perdió la final frente a Alemania en la prórroga de una forma desgarradora, Messi recibió el premio al mejor jugador del torneo. De hecho, el delantero argentino y muchos de sus colegas que actuaron en los estadios brasileños encarnaron la dinámica glocal de la globalización, pues jugaban en equipos nacionales que entretenían a audiencias locales y globales al tiempo que simultáneamente conservaban la identidad futbolística que los vinculaba a sus clubes de ciudades globales de todo el mundo.

Una minuciosa deconstrucción de la artista Jennifer Lopez en el Mundial pone de manifiesto una dinámica glocal similar según la cual no debemos considerar la globalización como un fenómeno inconexo que flota por encima de los contextos local y nacional. Jennifer Lynn Lopez nació en 1969 en la ciudad de Nueva York, en el seno de una familia de inmigrantes puertorriqueños. Tras crecer en la ciudad más multicultural del mundo, J. Lo comenzó a actuar como cantante y bailarina a los cinco años. Siendo una muchacha, bailó en un coro musical que estuvo de gira por Europa, y más adelante trabajó como cantante, bailarina y coreógrafa en el programa de la televisión japonesa *Synchronicity*. Su salto al estrellato se produjo en 1997, con el papel protagonista en el drama musical biográfico *Selena*. La película se basaba en la vida y la carrera de la fallecida estrella musical tejana, quien había despertado un notable interés transcultural en Norteamérica y Latinoamérica. Gracias al talento de J. Lo, la película fue un gran éxito de taquilla, hasta el punto de que solo en EE. UU. recaudó 35 millones de dólares.

Con pocas excepciones, como el fracaso comercial de la película romántica *Gigli*, como cantante-actriz J. Lo ha disfrutado de una carrera estelar que ha incluido apariciones como juez en el megaespectáculo televisivo *American Idol*. En 2012, sacó «On the Floor», uno de los discos más vendidos de todos los tiempos. El canal musical VH1 situó a Lopez en el primer puesto de su lista de «Principales iconos pop culturales», y la organización World Music Awards la distinguió con el Legend Award por su contribución a las artes. Aclamada por su capacidad para cruzar peliagudas fronteras raciales, J. Lo ha desarrollado un estilo musical que mezcla géneros diversos, como pop latino, baile, R&B, hip hop, rock, funk, house y salsa. En muchos aspectos, tanto sus antecedentes personales como su tipo de música se pueden definir como una forma de «hibridación»: proceso de combinar estilos y elementos culturales diferentes. Como veremos con más detalle en el capítulo 3, la globalización ha acelerado sobremanera estos procesos de hibridación cultural.

2. J. Lo, Pitbull y Claudinha interpretando «We Are One (Ole Ola)» en la ceremonia inaugural del Mundial de Fútbol de 2014, São Paulo, Brasil, 12 de junio de 2014.

El 12 de junio de 2014, J. Lo fue la principal protagonista de la Ceremonia Inaugural de la Copa del Mundo de la FIFA en la Arena de São Paulo, Brasil (véase ilustración 2). Vestida con un exiguo y llamativo mono verde de diseño libanés, la superestrella estuvo acompañada por sus colegas Pitbull y Claudinha en la interpretación de «We Are One (Ole Ola)», canción que llegó a figurar entre las 20 mejores en las listas de 27 países de distintas regiones del mundo. Los coautores de ese himno glocal de la Copa del Mundo fueron el trío del escenario más otros seis artistas de tres continentes: el colombiano Daniel Murcia, el danés Thomas Troelsen, la australiana Sia Furler, el norteamericano Lukasz «Dr Luke» Gottwald, el canadiense Henry «Cirkuit» Walter y el marroquí-sueco Nadir Khayat «RedOne». Inequívoco ejemplo de creación actual híbrida, global-local, de cultura material, el éxito comercial de «We Are One» se debió en gran parte a la creatividad intercultural de estos compositores. Además, la canción servía como reclamo global para que la humanidad se uniera «como uno» y afrontara los graves problemas universales del siglo XXI. De hecho, esta toma de conciencia global es especialmente obvia en tres álbumes de Pitbull de gran éxito y títulos muy apropiados: *Global Warming* (Calentamiento global; 2012), *Climate Change* (Cambio climático; 2016) y, en efecto, *Globalization* (Globalización; 2014).

Así pues, además de su capacidad plurilingüe y su extraordinario atractivo transnacional, ¿qué tienen en común la estrella norteamericana del pop latino que interpreta un himno globalizado del Mundial de Fútbol y una leyenda argentina del fútbol que juega en un club español? Ambos son productos y catalizadores de procesos de globalización que adquieren más sentido cuando los consideramos un nexo global-local que denominamos «glocalización».

De hecho, incluso el vergonzoso escándalo de corrupción que sacudió a la FIFA en los años siguientes a la popularísima Copa del Mundo brasileña refleja las dinámicas globales-locales de la globalización, pues estas son aplicables también al crimen transnacional. En 2015, las agencias federales norteamericanas FBI e IRS detuvieron a varios funcionarios de la FIFA bajo sospecha de soborno, fraude electrónico, asociación delictiva y blanqueo de capitales. Las investigaciones relacionadas con estas detenciones y eventuales acusaciones también sacaron a la luz connivencias entre ejecutivos de *marketing* deportivo sudamericanos, caribeños y norteamericanos estrechamente vinculados a la FIFA. Fueron procesados un total de dieciocho individuos de quince países, entre ellos nueve dirigentes de la institución rectora del fútbol mundial. Cuando quedó claro que esas actividades delictivas globales habían llegado a contaminar los procesos de selección de varios emplazamientos del Mundial, así como la elección del presidente de la FIFA de 2011, el fiscal general de Suiza decidió investigar a Sepp Blatter, el veterano presidente suizo de la FIFA, por administración fraudulenta. En diciembre de 2015, el Comité de Ética de la FIFA –que representa a todos los organismos futbolísticos continentales– prohibió a Blatter y a Michel Platini, presidente de la UEFA, toda actividad relacionada con el fútbol durante ocho años (reducidos a seis en 2016). Pese a que el escándalo de corrupción del máximo estamento futbolístico afectó muchísimo a la confianza de miles de millones de aficionados globales en la honestidad de su querido deporte, también supone un magnífico ejemplo de cómo el carácter glocal de la globalización se pone de manifiesto en la dinámica transnacional de acciones criminales localizadas, y en la cooperación global consiguiente entre las agencias gubernamentales nacionales que dieron con los culpables locales.

Nuestra deconstrucción de la Copa del Mundo de Brasil y de la corrupción que dejó tras de sí nos ha preparado para abordar la exigente tarea de encontrar una definición operativa de un concepto controvertido que ha resultado ser muy escurridizo.

Hacia una definición de globalización

La palabra *globalización* se ha utilizado de diversas maneras tanto en la prensa popular como en las publicaciones académicas para describir un proceso, un estado, un sistema, una fuerza y una época. Dado que estos términos en competencia tienen significados muy distintos, su uso indiscriminado suele ser incierto y provoca confusión. Por ejemplo, una fusión chapucera de «proceso» y «situación» estimula definiciones circulares que no explican gran cosa. El tan repetido tópico de que la globalización (el proceso) origina más globalización (la situación) no nos permite establecer distinciones analíticas significativas entre causas y efectos.

Por tanto, sugiero adoptar tres términos diferentes pero afines. Primero, la «globalidad» supone una «situación social» caracterizada por firmes interconexiones y flujos económicos, políticos, culturales y medioambientales globales que vuelven irrelevantes la mayor parte de las lindes y fronteras. En todo caso, no debemos dar por sentado que la globalidad ya está aquí. El término tampoco da a entender un punto final definitivo que excluya cualquier desarrollo posterior. Además, podemos imaginar fácilmente distintas manifestaciones sociales de la globalidad: una podría basarse sobre todo en los valores del individualismo, la competición o el capitalismo *laissez faire*, mientras que otra podría inspirarse en sistemas sociales cooperativos y normas más comunitarias. Estas posibles alternativas apuntan al carácter fundamentalmente indeterminado de la globalidad hecha y derecha.

Segundo, adoptamos la expresión «imaginario global» para referirnos a la creciente conciencia de la gente con respecto a la globalidad en aumento. Como ya hemos visto en el ejemplo de la Copa del Mundo de 2014, esto tampoco equivale a decir que los escenarios comunitarios locales y nacionales hayan perdido capacidad para procurar a las personas un sentido coherente de país y dignidad. Sin embargo, sería un error cerrar los ojos ante el debilitamiento del imaginario nacional, que desde el punto de vista histórico se fraguó en los siglos xix y xx. La intensificación de la conciencia global desestabiliza y altera el marco del Estado nación en cuyo seno la gente ha imaginado su existencia comunitaria. Como veremos en el capítulo 7, el imaginario global al alza también aparece claramente reflejado en la actual transformación de las ideologías convencionales y los valores sociales que intervienen en la articulación de agendas y programas políticos concretos.

Por último, la globalización es un concepto espacial que hace referencia a un conjunto de procesos sociales que transforman el presente estado actual de nacionalidad convencional en otro de globalidad. No obstante, como ya señalamos en la deconstrucción del Mundial de Brasil, esto no significa que lo nacional y lo local vayan a extinguirse o a ser intranscendentes. De hecho, lo nacional y lo local están cambiando su carácter y sus funciones sociales como consecuencia del movimiento hacia la globalidad. Así pues, en esencia, la globalización tiene que ver con modificar formas de contacto humano. Al igual que *modernización* y otros sustantivos verbales que terminan en «-ización», el término *globalización* sugiere una especie de dinamismo que la noción de «desarrollo» o «despliegue» según patrones discernibles capta mejor. Este despliegue puede tener lugar deprisa o despacio, pero siempre guarda correspondencia con la idea de cambio, por lo que globalización denota transformación.

Por consiguiente, los expertos que estudian las dinámicas de la globalización están interesados en abordar ante todo cuestiones relacionadas con el cambio social. ¿Cómo procede la globalización? ¿Qué la impulsa? ¿Tiene una sola causa o se da una combinación de factores? ¿Es la globalización una continuación de la modernidad o supone una ruptura radical? ¿Crea nuevas formas de desigualdad y jerarquía? Obsérvese que la conceptualización de la globalización como proceso dinámico más que como situación estática obliga a los expertos en estudios globales a prestar más atención a formas nuevas de conectividad e integración. No obstante, cada vez que los investigadores intenten poner más de relieve su objeto de estudio, también aumentará el peligro de que aparezcan desacuerdos teóricos con respecto a las definiciones. El tema que nos ocupa no es ninguna excepción: una de las razones por las que «globalización» sigue siendo un concepto polémico es que no existe consenso académico sobre qué clase de procesos sociales deben gozar de prioridad.

Para colmo, la globalización es un proceso desigual, es decir, la gente se ve afectada por una gigantesca transformación de las estructuras sociales y de las zonas culturales de una manera u otra en función de la parte del mundo donde viva. Por tanto, los procesos sociales que constituyen la globalización han sido examinados y explicados por numerosos analistas de formas distintas y a menudo contradictorias. Los investigadores no solo mantienen opiniones dispares sobre la definición adecuada de globalización, sino que también discrepan con respecto a la escala, la causalidad, la cronología, el impacto, las trayectorias o los resultados políticos. La vieja parábola budista de los eruditos ciegos y su encuentro con un elefante contribuye a ilustrar la controversia intelectual sobre la naturaleza y las diversas dimensiones de la globalización.

Como los eruditos ciegos no conocían el aspecto del elefante, decidieron confeccionar una imagen mental –y alcanzar, por tanto, el conocimiento deseado– tocando al animal. Al palpar la trompa, uno de los ciegos afirmó que el elefante era como una serpiente viva. Otro, tras frotar una de las enormes patas, comparó al animal con una columna rugosa de enormes proporciones. El tercer hombre le agarró la cola, tras lo cual se empecinó en que el elefante parecía un cepillo grande y flexible. El cuarto tanteó los afilados colmillos y declaró que eran como largas lanzas. Cada uno de los eruditos ciegos se aferraba firmemente a su idea de lo que constituía un elefante. Como su reputación académica se apoyaba en la veracidad de sus respectivos hallazgos, al final los ciegos acabaron discutiendo sobre la verdadera naturaleza del proboscidio (véase ilustración 3).

3. Los eruditos de la globalización y el elefante.

La disputa académica en curso sobre las dimensiones contenidas en la esencia de la globalización equivale a una versión posmoderna de la parábola del elefante y los ciegos. Incluso los pocos especialistas que aún consideran la globalización como un proceso singular chocan entre sí al identificar qué aspecto de la vida social constituye su ámbito principal. Según muchos expertos en estudios globales, en el núcleo de la globalización radican varios procesos económicos. Otros dan más importancia a ciertos factores políticos, culturales o ideológicos. Y aun otros afirman que el meollo de la globalización lo constituyen diversos procesos medioambientales. Como pasa con los ciegos de la parábola, cada investigador de la globalización tiene parte de razón al identificar debidamente una dimensión destacada del fenómeno en cuestión. No obstante, su error colectivo estriba en sus intentos dogmáticos por reducir un fenómeno tan complejo como la globalización a uno o dos campos que se corresponden con sus conocimientos. Sin duda, una tarea fundamental de la nueva disciplina de los estudios globales ha de ser la de diseñar mejores maneras de calibrar la importancia relativa de cada dimensión sin perder de vista el todo interdependiente.

Pese a tales diferencias de opinión, también es posible detectar cierto solapamiento temático en varios intentos académicos por identificar las cualidades básicas de los procesos de globalización. Veamos, por ejemplo, las dos influyentes definiciones mostradas en el recuadro 1.

Estas definiciones apuntan a cuatro características o cualidades adicionales en el núcleo de la globalización. En primer lugar, esta implica tanto la creación de nuevas redes sociales como la multiplicación de las conexiones existentes que superan los tradicionales límites políticos, económicos, culturales y geográficos. Como hemos visto en el caso del Mundial de Fútbol de Brasil, los medios actuales combinan cobertura televisiva convencional con múltiples conexiones en *streaming* en dispositivos digitales y redes sociales que transcienden los servicios de ámbito nacional.

Recuadro 1. Dos definiciones de globalización

La globalización se puede considerar un proceso (o conjunto de procesos) que encarna una transformación en la organización espacial de las relaciones y las transacciones humanas –evaluadas en función de su alcance, intensidad, velocidad e impacto–, lo que genera flujos y redes transcontinentales o interregionales de actividad e interacción así como de ejercicio de poder. (David Held, profesor de política y relaciones internacionales, Durham University.)

Como concepto, la globalización hace referencia a la condensación del mundo y también a la intensificación de la conciencia del mundo como un todo. (Roland Robertson, profesor emérito de sociología, University of Aberdeen.)

La segunda cualidad de la globalización se refleja en la expansión y la extensión de las relaciones sociales, las actividades y las conexiones. Los mercados financieros actuales llegan a todos los puntos del globo, y el comercio electrónico tiene lugar las 24 horas del día. En todos los continentes han aparecido centros comerciales gigantescos y prácticamente idénticos, los cuales abastecen a los consumidores que pueden permitirse productos de cualquier región del mundo –incluidos artículos cuyos diversos componentes han sido fabricados en distintos países–. Este proceso de extensión social es aplicable no solo a la FIFA sino también a otras organizaciones no gubernamentales, entidades comerciales, clubes sociales e innumerables instituciones y asociaciones regionales y globales: la ONU, la UE, la Asociación de Naciones del Sudeste Asiático, la Organización de la Unidad Africana, Médicos sin Fronteras (MSF), el Foro Social Mundial (FSM) o Google, por citar solo unas cuantas.

En tercer lugar, la globalización incluye la intensificación y la aceleración de las actividades y los intercambios sociales. Como ha señalado el sociólogo español Manuel Castells, la creación de una sociedad de redes globales ha sido impulsada por «el poder de la comunicación», que requería una revolución tecnológica accionada sobre todo por el rápido desarrollo de nuevas tecnologías de la información y comunicación. Actuando a una velocidad vertiginosa, estas innovaciones están remodelando el paisaje social de la vida humana. Internet transmite información lejana en tiempo real, y los satélites proporcionan a los consumidores imágenes instantáneas de acontecimientos remotos. Para más de 2.000 millones de personas de todo el planeta, la participación en redes sociales como Facebook, Instagram y Twitter ha acabado siendo una actividad rutinaria.

En cuarto lugar, tal como recalcamos en nuestra definición del imaginario global, los procesos de globalización no tienen lugar solamente en un nivel material, objetivo, sino que también abarcan el plano subjetivo de la conciencia humana. Sin eliminar vínculos locales ni nacionales, la condensación del mundo en un único lugar ha vuelto cada vez más global el marco de referencia para la acción y el pensamiento humanos. En consecuencia, la globalización conlleva tanto las macroestructuras de una «comunidad global» como las microestructuras de una «persona global». Asimismo, penetra en el núcleo del yo personal y sus propensiones, facilitando la creación de múltiples identidades individuales y colectivas alimentadas por las crecientes relaciones entre lo personal y lo global.

Tras haber identificado sucintamente las características básicas de la globalización, vamos a sintetizarlas en una sola frase definitoria breve de globalización:

La globalización hace referencia a la expansión e intensificación de las relaciones sociales y de la conciencia a través del tiempo mundial y del espacio mundial.

Sin embargo, dado el subtítulo de este libro, hemos de hacerlo aún mejor. De modo que ahí va la «muy breve» definición de globalización:

La globalización tiene que ver con la creciente interconectividad mundial.

Por último, veamos una importante objeción planteada por algunos expertos en estudios globales sensibles a las cuestiones históricas: ¿es la globalización realmente tan distinta de los procesos seculares de modernización? Ciertos críticos han respondido a esta pregunta diciendo que no, sosteniendo que un vistazo siquiera superficial a la historia revela que en la globalización contemporánea no hay tantas novedades.

Por tanto, antes de analizar con detalle las principales dimensiones de la globalización, debemos procurar a este razonamiento un juicio justo. Al fin y al cabo, una investigación crítica sobre la supuesta novedad de la globalización y su relación con la modernidad están estrechamente relacionadas con otro asunto muy debatido en los estudios globales: ¿en qué consisten una cronología y una periodización histórica adecuadas de la globalización? En el capítulo 2 buscaremos respuestas a estas preguntas.

2
La globalización en la historia: ¿es la globalización un fenómeno nuevo?

Si a diversas personas corrientes de las concurridas calles de ciudades como Nueva York, Shanghái o Sídney les preguntásemos sobre la esencia de la globalización, sus respuestas seguramente incluirían alguna referencia a crecientes formas de conectividad económica propiciadas por las tecnologías digitales. La gente quizás hablaría de sus dispositivos móviles, por ejemplo, de teléfonos inalámbricos inteligentes conectados a la Nube, como el popular iPhone, o de tabletas como la Kindle Oasis, acopladas a potentes buscadores de internet como Google Chrome que en una fracción de segundo revisan enormes conjuntos de datos. O acaso mencionaría vídeos accesibles de YouTube; ubicuas redes sociales como Instagram, Facebook o Twitter; la blogosfera en rápida expansión, la HDTV (televisión de alta definición) conectada por satélite y al ordenador; las películas en *streaming* de Netflix; los videojuegos y los ordenadores interactivos en 3D; o la nueva generación de superaviones de línea, como el Airbus A380 o el Dreamliner de Boeing.

Por importante que sea la tecnología en la intensificación de la conectividad global, proporciona una explicación solo parcial de la última oleada de globalización acontecida desde la década de 1980. En cualquier caso, sería ridículo negar que estas nuevas tecnologías digitales han desempeñado un papel clave en la condensación del tiempo y el espacio mundiales. En concreto, internet (véase figura B) ha asumido una función decisiva a la hora de facilitar la globalización mediante la creación de la World Wide Web, que conecta a miles de millones de individuos, entidades de la sociedad civil y gobiernos. Como casi todas estas tecnologías llevan entre nosotros menos de tres décadas, parece lógico coincidir con los analistas en que la globalización es, en efecto, un fenómeno relativamente nuevo.

Aun así, la definición de globalización a la que llegamos en el capítulo 1 subraya la naturaleza dinámica del fenómeno. La expansión social de las relaciones y el aumento del imaginario global son procesos graduales con profundas raíces históricas. Los ingenieros que crearon los ordenadores personales y los aviones supersónicos son herederos de innovadores anteriores que habían inventado la máquina de vapor, la desmotadora de algodón, el telégrafo, el fonógrafo, el teléfono, la máquina de escribir, el motor de combustión interna o los electrodomésticos eléctricos. A su vez, estos productos deben su existencia a inventos tecnológicos muy anteriores, como el telescopio, la brújula, la rueda hidráulica, el molino de viento, la pólvora, la imprenta o los barcos de alta mar. Por otro lado, estas invenciones constituyeron el logro colectivo de seres humanos de todas las regiones del mundo, no solo de un «centro» geográfico privilegiado. Para identificar el registro histórico completo, podríamos remontarnos incluso a éxitos tecnológicos y sociales memorables como la fabricación de papel, el desarrollo de la escritura, la invención de la rueda, la domesticación

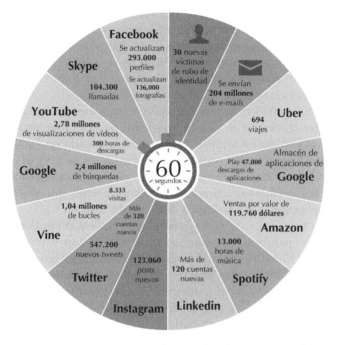

B. ¿Qué pasa en un minuto en internet?
Fuente: datos basados en información de Excelacom, Inc.

de animales y plantas silvestres, la lenta emigración de nuestros antepasados africanos comunes y, por último, la aparición del lenguaje en los albores de la evolución humana.

Así pues, la respuesta a la pregunta de si la globalización constituye un fenómeno nuevo depende de lo lejos que estemos dispuestos a lanzar la red de causalidad de los mecanismos sociales y tecnologías recientes que la mayoría de las personas han acabado asociando a nuestra palabra de moda. Algunos expertos limitan conscientemente el alcance de la globalización a la época posterior a 1989 a fin de captar su singularidad contemporánea. Otros están dispuestos a ampliar este marco temporal para que incluya los revolucionarios avances de los dos últimos siglos. Y aun otros sostienen que la globalización representa realmente la continuación y la prolongación de procesos complejos que comenzaron con la aparición de la modernidad y el sistema capitalista mundial en la década de 1500. Por su parte, los restantes investigadores se niegan a confinar la globalización en períodos medidos en simples décadas o siglos, y más bien sugieren que estos procesos llevan milenios desarrollándose.

Cada una de estas perspectivas opuestas contiene percepciones importantes, sin duda. Como veremos en el libro, los defensores del primer enfoque han reunido convincentes pruebas de su idea de que la espectacular expansión y aceleración de los intercambios globales desde la década de 1980 supone un gran salto en la historia de la globalización. Los partidarios de la segunda opinión recalcan con acierto la estrecha conexión entre diversas formas contemporáneas de globalización y la explosión tecnológica conocida como «Revolución Industrial». Los representantes del tercer enfoque señalan correctamente la transcendencia de la condensación espacio-tiempo que se produjo en el siglo XVI, cuando Eurasia, África y las Américas empezaron a estar conectadas por rutas comerciales permanentes. Por último, los valedores de la cuarta idea esgrimen un razonamiento bastante sensato cuando insisten en que cualquier descripción realmente exhaustiva de la globalización es insuficiente si no incorpora a nuestra historia planetaria viejas creaciones y dinámicas perdurables.

Aunque mi breve cronología es forzosamente fragmentaria y general, identifica cinco períodos históricos separados entre sí por significativas aceleraciones en el ritmo de los intercambios sociales, así como un ensanchamiento de su ámbito geográfico. Por consiguiente, cabe decir que la globalización es un viejo proceso que, a lo largo de muchos siglos, ha superado distintos umbrales cualitativos. En este contexto, quiero reiterar que mi cronología no supone necesariamente un desarrollo lineal de la historia ni tampoco propugna una perspectiva eurocéntrica convencional de la historia del mundo. Llena de sorpresas imprevistas, giros violentos, interrupciones súbitas y reveses espectaculares, la historia de la globalización ha afectado a todas las regiones y culturas destacadas de nuestro planeta.

El período prehistórico (10000 a. C. - 3500 a. C.)

Empecemos 12.000 años atrás, cuando pequeños grupos de cazadores y recolectores llegaron al extremo meridional de Sudamérica. Este acontecimiento marcó el final de un largo proceso de expansión en los cinco continentes iniciado por nuestros antepasados homínidos africanos hace más de un millón de años. Aunque algunos archipiélagos importantes del Pacífico y el Atlántico no fueron habitados hasta hace relativamente poco, por fin se hizo realidad la verdadera dispersión global de nuestra especie. El éxito de este empeño, completado por los nómadas sudamericanos, se cimentó en los logros migratorios de sus antepasados siberianos, que habían cruzado el estrecho de Bering para pasar a Norteamérica al menos mil años antes.

En esta primera fase de la globalización, el contacto entre miles de grupos de cazadores y recolectores diseminados por todo el mundo estaba limitado desde un punto de vista geográfico y era sobre todo fortuito. Este fugaz modo de interacción social cambió espectacularmente hace unos 10.000 años, cuando los seres humanos dieron el paso decisivo para producir sus propios alimentos. Debido a varios factores –incluyendo la aparición natural de plantas y animales adecuados para la domesticación, así como diferencias continentales en cuanto a la zona y el tamaño total de la población–, solo ciertas regiones situadas en la inmensa masa terrestre de Eurasia o cerca de ella resultaron ser idóneas para esos asentamientos agrícolas en expansión. Dichas áreas se hallaban en el Creciente Fértil, el centro y norte de China, el norte de África, la parte noroccidental de la India y Nueva Guinea. Con el tiempo, los excedentes alimentarios obtenidos por estos primeros agricultores y ganaderos dieron lugar a aumentos de población, al establecimiento permanente de pueblos y a la construcción de ciudades fortificadas.

Los grupos itinerantes de nómadas salieron perdiendo frente a las tribus asentadas, los territorios gobernados por un jefe o, en última instancia, los Estados fuertes basados en la producción agrícola (véase mapa 1). El carácter igualitario y descentralizado de los grupos de cazadores y recolectores fue sustituido por estructuras sociales patriarcales centralizadas y muy estratificadas dirigidas por jefes y sacerdotes que estaban eximidos del duro trabajo manual. Además, por primera vez en la historia de la humanidad, estas sociedades agropecuarias fueron capaces de albergar dos clases sociales adicionales cuyos miembros no

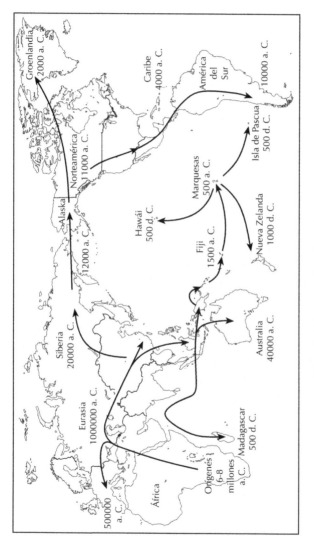

Mapa 1. Primeras migraciones humanas.

participaban en las labores de producción alimentaria. Un grupo lo constituían especialistas de dedicación plena que concentraban su energía creativa en la invención de tecnologías nuevas, como útiles herramientas de hierro, bellos adornos confeccionados con metales preciosos, complejos canales de riego, alfarería y cestería sofisticadas, y edificios monumentales. El otro grupo incluía a burócratas y a soldados profesionales que más adelante desempeñarían un papel clave en la monopolización de distintas formas de violencia por parte de algunos gobernantes, el cálculo preciso de los excedentes de comida necesarios para el crecimiento y el mantenimiento del Estado centralizado, la adquisición de territorios nuevos, la creación de rutas comerciales permanentes y la exploración sistemática de regiones lejanas.

No obstante, en el período prehistórico, la globalización fue, en su mayor parte, muy limitada. Por lo general, no había formas de tecnología capaces de superar los obstáculos sociales y geográficos existentes; en consecuencia, nunca se produjeron interacciones a larga distancia duraderas. Solo al final de esta época surgieron lentamente modalidades de agricultura, religión, burocracia y guerra administradas de manera centralizada, que serían los agentes clave de tipos más diversos de intercambio social, los cuales afectarían a un número cada vez mayor de sociedades de muchas regiones del mundo.

Quizá la mejor manera de describir la dinámica de esta fase temprana de la globalización sería denominarla «la gran divergencia»: personas y conexiones sociales con un solo origen que se desplazan y diversifican muchísimo a lo largo del tiempo y el espacio.

El período premoderno (3500 a. C. - 1500 d. C.)

La invención de la escritura en Mesopotamia, Egipto y la China central entre 3500 y 2000 a. C. (véase ilustración 4) coincidió aproximadamente con la invención de la rueda en torno a 3000 a. C. en el sudoeste de Asia. En la clausura del período prehistórico, estos fabulosos descubrimientos dieron lugar a uno de esos estímulos tecnológicos y sociales que elevaron la globalización a otro nivel. Gracias a la propicia orientación este-oeste del principal eje continental de Eurasia –característica geográfica que ya había facilitado la rápida difusión de cultivos y animales apropiados para la producción alimentaria a lo largo de las mismas latitudes–, la divulgación de estas tecnologías nuevas en zonas remotas del continente se produjo en apenas unos siglos. La importancia de estos hallazgos para el afianzamiento de los procesos globalizadores es evidente. Entre otras cosas, la rueda alentó innovaciones infraestructurales cruciales, como los carros de tracción animal o las rutas permanentes que permitirían el transporte más rápido y eficiente de personas y mercancías. Además de la propagación de ideas e invenciones, la escritura contribuyó muchísimo a la coordinación de actividades sociales complejas y, por tanto, propició la formación de Estados grandes. De las unidades territoriales de cierto tamaño surgidas durante este período, solo las civilizaciones andinas de Sudamérica lograron convertirse en un imperio poderoso –el inca– aun careciendo de las ventajas de la rueda o de la palabra escrita.

El período premoderno posterior fue la era de los imperios. Como algunos Estados consiguieron establecer un dominio permanente sobre otros, las in-

4. Tablillas de arcilla asirias con escritura cuneiforme,
h. 1900-1800 a. C..

mensas acumulaciones territoriales resultantes constituyeron la base de los reinos egipcios, el imperio
persa, el imperio macedonio, los imperios americanos
de aztecas e incas, el imperio romano, los imperios indios, el imperio bizantino, los califatos islámicos, el sa-
cro imperio romano, los imperios africanos de Ghana,
Malí y songhai y el imperio otomano. Todas estas potencias promovieron la multiplicación y ampliación de
las comunicaciones a larga distancia y el intercambio de
cultura, tecnología, mercancías y enfermedades. El más
duradero y tecnológicamente avanzado de estos enormes conglomerados fue sin duda el imperio chino. Un
examen más detallado de su historia revela algo de las
primeras dinámicas de la globalización.

Tras siglos de guerras entre varios Estados independientes, los ejércitos del emperador Qin acabaron
unificando en 221 a. C. grandes porciones del nordeste de China. Durante los siguientes 1.700 años, suce-
sivas dinastías –Han, Sui, T'ang, Yuan y Ming– gober-
naron un imperio apoyadas en inmensas burocracias

que extenderían su influencia a regiones tan lejanas como el tropical sudeste de Asia, el Mediterráneo, la India y el este de África (véase ilustración 5). Deslumbrantes obras de arte y geniales logros filosóficos estimularon nuevos descubrimientos en otras esferas del conocimiento, como la astronomía, las matemáticas o la química. En la larga lista de importantes innovaciones tecnológicas efectuadas en China durante el período premoderno se incluyen rejas de arado de nuevo diseño, elementos de ingeniería hidráulica, la pólvora, el empleo del gas natural, la brújula, los relojes mecánicos, el papel, la imprenta, la seda profusamente bordada y sofisticadas técnicas metalúrgicas. La construcción de grandes sistemas de riego consistentes en centenares de pequeños canales incrementó la productividad agrícola de la región al tiempo que creaba uno de los mejores sistemas de transporte fluvial del mundo. La codificación de las leyes y el establecimiento de pesos, medidas y valores para la acuñación de moneda fomentaron la expansión del comercio y los mercados. La estandarización del tamaño de los ejes de los carros y los caminos que recorrían permitieron por primera vez a los comerciantes chinos hacer cálculos precisos con respecto a las cantidades deseadas de bienes importados y exportados.

El más extenso de estos trayectos comerciales, que enlazaba los imperios romano y chino, era la Ruta de la Seda, en la cual los mercaderes partos actuaban como expertos intermediarios. La Ruta de la Seda llegó a la península italiana en 50 a. C., y 1.300 años después, un grupo realmente multicultural de trotamundos euroasiáticos y africanos –entre ellos el famoso comerciante marroquí Ibn Battuta y sus homólogos venecianos de la familia de Marco Polo– se valió de esta fantástica ruta euroasiática para llegar a la magnífica corte imperial del mongol Gengis Kan en Pekín.

En el siglo xv, enormes flotas chinas compuestas de centenares de barcos de alta mar de 120 metros de eslora surcaron el océano Índico y establecieron efímeros enclaves comerciales en la costa este de África. No obstante, unas décadas después, los gobernantes chinos tomaron una serie de decisiones políticas fatídicas que interrumpieron la navegación en ultramar y supusieron un freno para nuevos avances tecnológicos. Así pues, los mandatarios detuvieron la incipiente revolución industrial de su imperio, hecho que permitió a algunos países europeos más pequeños y menos avanzados emerger como los principales agentes históricos que impulsaron el avance de la globalización.

A finales del período premoderno, por tanto, la red comercial global existente (véase mapa 2) constaba de diversos circuitos comerciales entrelazados que conectaban las regiones más pobladas de Eurasia con el nordeste de África. Aunque los continentes australiano y americano todavía estaban alejados de esta creciente red de interdependencia económica, política y cultural, los imperios azteca e inca también habían conseguido crear importantes entramados comerciales en su propio hemisferio.

La existencia de estos extensos sistemas de intercambio económico y cultural desencadenó masivas oleadas de migración, que, a su vez, dieron lugar a un nuevo aumento de la población y al rápido crecimiento de las áreas urbanas. En los consiguientes choques culturales, las religiones con un sentido local se transformaron en las importantes religiones mundiales que

5. La Gran Muralla china.

en la actualidad son el judaísmo, el cristianismo, el islam, el hinduismo y el budismo. Sin embargo, la mayor densidad de población y la interacción más intensa a lo largo de distancias mayores también facilitaron la propagación de enfermedades infecciosas nuevas, como la peste bubónica. La gravísima epidemia de peste de mediados del siglo XIV, por ejemplo, llegó a matar a un tercio de las poblaciones de China, Oriente Medio y Europa. No obstante, estos inoportunos subproductos del despliegue de los procesos globalizadores no alcanzaron su expresión más horrenda hasta la funesta colisión entre los mundos «viejo» y «nuevo» en el siglo XVI. Aunque el tamaño poblacional exacto de las Américas antes del contacto sigue siendo un asunto controvertido, se estima que los gérmenes mortales de los invasores europeos mataron aproximadamente a 18-20 millones de indígenas, un inconcebible 90-95 % del total de la población autóctona.

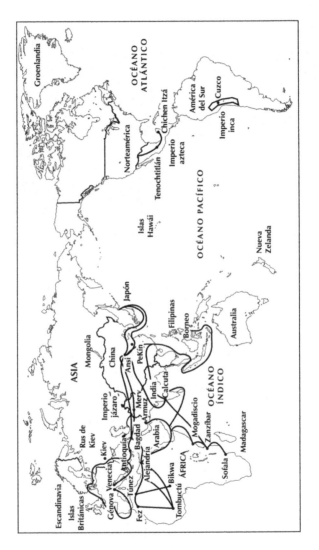

Mapa 2. Principales redes comerciales mundiales, 1000-1450.

El período moderno temprano (1500-1750)

El término *modernidad* ha acabado relacionándose con el proyecto europeo de la Ilustración del siglo XVIII, cuyo objetivo era desarrollar las ciencias objetivas, instituir una forma universal de ley y de moral y, en cuanto a los modos racionales de pensamiento y de organización social, liberarlos de las aparentes irracionalidades del mito, la religión y la tiranía política. No obstante, es importante identificar la existencia de múltiples formas de modernidad que surgieron a menudo en varias partes del mundo como oposición a la modernidad europea. Así pues, la expresión *moderno temprano* hace referencia al período comprendido entre el Renacimiento europeo y la Ilustración. Durante estos dos siglos, Europa y sus prácticas sociales emergieron como el principal catalizador de la globalización tras un largo período de predominio asiático.

De hecho, tras haber contribuido poco a la tecnología y a otros logros de la civilización entre aproximadamente 500 d. C. y 1000 d. C., los europeos al norte de los Alpes sacaron gran provecho de la difusión de innovaciones tecnológicas originarias de las esferas culturales islámica y china. Por otro lado, pese a la debilitada influencia política y la notoria decadencia ecológica del Creciente Fértil unos 500 años después, las potencias europeas no fueron capaces de penetrar en el interior de África y Asia. En vez de ello, dirigieron sus deseos expansionistas hacia el oeste, en busca de una ruta marítima nueva y rentable a la India. Sus esfuerzos se vieron favorecidos por innovaciones como la impresión mecánica, sofisticados molinos hidráulicos y de viento, vastos sistemas postales, tecnologías marítimas mejoradas y técnicas de navegación avanzadas. Si añadimos el tremendo impacto de la Reforma y la concurrente idea política liberal del gobierno limitado, ya tenemos identificadas las principales fuerzas subyacentes al salto cualitativo que tanto intensificó los flujos demográficos, culturales, ecológicos y económicos entre Europa, África y las Américas.

Sin lugar a dudas, el crecimiento de los centros metropolitanos europeos y sus clases mercantiles asociadas fue otro importante factor responsable del reforzamiento de las tendencias globalizadoras durante el período moderno temprano. Encarnando los nuevos valores del individualismo y la acumulación material ilimitada, los emprendedores económicos europeos sentaron las bases de lo que más adelante los expertos denominarían «sistema capitalista mundial». No obstante, las empresas comerciales de estos capitalistas principiantes no habrían alcanzado la expansión global si no hubiera sido por el significativo respaldo de sus respectivos gobiernos. Las monarquías de Portugal, Holanda, Francia, Inglaterra y España dedicaron cuantiosos recursos a la exploración de mundos nuevos y a la creación de mercados interregionales que les reportarían muchos más beneficios que a sus exóticos «socios comerciales».

A principios de la década de 1600, se fundaron sociedades anónimas nacionales –como la Compañía Neerlandesa de las Indias Orientales o la Compañía Británica de las Indias Orientales– con el fin expreso de establecer en ultramar enclaves comerciales lucrativos. A medida que estas innovadoras empresas crecían en tamaño y estatus, fueron adquiriendo capacidad para regular la mayoría de las transacciones económicas intercontinentales, mientras, a lo largo del proceso, desarrollaban instituciones y prácticas culturales que más adelante permitirían a los gobiernos coloniales colocar a esas regiones extranjeras bajo su dominio político directo (véase ilustración 6). Ciertos hechos afines, como el comercio de esclavos en el Atlántico y los traslados poblacionales forzosos en las Américas, provocaron el sufrimiento y la muerte de millones de no europeos al tiempo que beneficiaban enormemente a los inmigrantes blancos y a sus países de origen.

6. Venta de la isla de Manhattan en 1626.

Sin duda, las guerras religiosas en Europa también tuvieron su influencia en la deslocalización y el desplazamiento de poblaciones caucásicas. Además, como consecuencia de estos prolongados conflictos armados, las alianzas militares y los acuerdos políticos eran objeto de continuas modificaciones. Esto evidencia el papel crucial de la guerra como catalizador de la globalización. Tras evolucionar a partir del sistema westfaliano de Estados, el Estado nación territorial, soberano, surgió en la Europa del siglo XVIII como escenario moderno de la vida social. A medida que el período moderno temprano se acercaba a su conclusión, la interdependencia entre los Estados nación iba en aumento.

El período moderno (1750 - década de 1980)

A finales del siglo XVIII, Australia y las islas del Pacífico estaban incorporándose lentamente a la red de intercambio político, económico y cultural dominada por los europeos. La creciente presencia de relatos de «lo lejano» e imágenes de innumerables «otros» empujó a los europeos y a sus descendientes en los demás continentes a tomar la iniciativa y asumir el papel de guardianes de la civilización y la moral del mundo. A pesar de sus insistentes reivindicaciones de liderazgo universal, no obstante, siguieron mostrándose extrañamente inconscientes de sus prácticas racistas y de las pésimas condiciones de desigualdad que existían tanto en sus propias sociedades como entre el Sur y el Norte globales. Abastecidas por un continuo flujo de materiales y recursos procedentes sobre todo de otras regiones del mundo, las empresas capitalistas occidentales ganaron prestigio. Dispuestos a ofrecer resistencia a los duros controles gubernamentales, los emprendedores económicos y sus homólogos académicos comenzaron a difundir una filosofía de individualismo e interés personal racional que enaltecía las virtudes de un sistema capitalista idealizado, supuestamente basado en el funcionamiento providencial del libre mercado y su «mano invisible».

Un pasaje del famoso *Manifiesto comunista*, escrito en 1847 por los radicales alemanes Karl Marx y Friedrich Engels, refleja el cambio cualitativo en las relaciones sociales que elevó la globalización a un nivel nuevo en el período moderno (véase recuadro 2).

Recuadro 2. Marx y Engels sobre la globalización

El descubrimiento de América preparó el terreno para una industria pujante y la creación de un verdadero mercado global, el cual expandió muchísimo el comercio, la navegación y las comunicaciones terrestres. A su vez, estos acontecimientos provocaron un nuevo desarrollo de la industria. El crecimiento de la industria, el comercio, la navegación y las vías férreas también iba de la mano del ascenso de la burguesía y el capital, que relegaron a un segundo plano a las viejas clases sociales de la Edad Media [...]. Impulsada de un lado a otro por su ferviente deseo de mercados en constante expansión para sus productos, la burguesía no tiene más remedio que asentarse en todas partes, cultivar en todas partes, establecer conexiones en todas partes [...]. Gracias a la rápida mejora de los instrumentos de producción, la burguesía utiliza los modos de comunicación cada vez más simples para atraer a todas las naciones a la civilización, incluso a las más bárbaras [...]. En pocas palabras, crea el mundo a su propia imagen.

De hecho, entre 1850 y 1914, el volumen del comercio mundial aumentó de forma espectacular. Guiados por las actividades de ciertos bancos multinacionales, el capital y las mercancías cruzaban las fronteras con relativa libertad, mientras el patrón oro basado en la libra esterlina posibilitaba la circulación mundial de monedas nacionales destacadas como la libra británica o el florín holandés. Dispuestos a adquirir sus propias e independientes fuentes de recursos, la mayoría de los Estados nación europeos sometieron a grandes segmentos del Sur global al dominio colonial directo. En vísperas de la Primera Guerra Mundial, la proporción del comercio de mercancías con respecto al producto nacional bruto era, para los países industrializados, casi del 12 %, un nivel no igualado hasta la década de 1970. Los sistemas globales de fijación de precios facilitaban el comercio de mercancías importantes, como los cereales, el algodón y diversos metales. Hicieron su aparición los primeros productos de marca, como la Coca-Cola, las sopas Campbell, las máquinas de coser Singer o las máquinas de escribir Remington. Para aumentar la visibilidad global de estas empresas, diversas agencias internacionales de publicidad emprendieron las primeras campañas de promoción comercial transfronterizas a gran escala.

No obstante, como señalaban Marx y Engels, el ascenso de la burguesía y el correspondiente incremento de las interconexiones globales no habrían sido posibles sin el auge de la ciencia y la tecnología en el siglo XIX. Como es lógico, el mantenimiento de estos nuevos regímenes industriales requería nuevas fuentes de energía como la electricidad o el petróleo. El uso en gran medida no regulado de estas fuentes de energía se tradujo en la aniquilación de innumerables especies de plantas y animales, amén de la contaminación de regiones enteras. Por el lado positivo, sin embargo, el ferrocarril, la navegación mecanizada o el transporte aéreo intercontinental en el siglo XX consiguieron superar los últimos obstáculos geográficos para favorecer la creación de una auténtica infraestructura global, al tiempo que se reducían los costes de fletes y desplazamientos.

Estas innovaciones en el transporte se vieron complementadas por el rápido desarrollo de las tecnologías de la comunicación. El telégrafo y su dimensión transatlántica a partir de 1866 facilitaron intercambios instantáneos de información entre los dos hemisferios. Además, el telégrafo creó el marco para el teléfono y la radio inalámbrica, lo cual dio pie a que compañías de comunicación recién creadas como AT&T (American Telephone and Telegraph) acuñaran eslóganes publicitarios para celebrar que el mundo estaba «indisolublemente unido». Por último, la llegada en el siglo XX de periódicos y revistas de circulación masiva, así como del cine y la televisión, potenció cada vez más la idea de que el mundo se achicaba por momentos.

El período moderno también fue testigo de una explosión demográfica sin precedentes. Tras haber aumentado solo moderadamente desde unos 300 millones en la época del nacimiento de Cristo hasta 760 millones en 1750, en 1980 la población mundial llegó a los 4.500 millones de personas. Grandes oleadas migratorias incrementaron los intercambios culturales existentes y transformaron los patrones sociales tradicionales. Los principales destinos de la inmigración, como los Estados Unidos, Canadá o Australia, sacaron provecho de este aumento de la productividad. A principios del siglo XX, estos países entraron en el escenario mundial como fuerzas que tener en cuenta. Al mismo tiempo, no obstante, hicieron significativos esfuerzos por controlar estos grandes flujos migratorios, de modo que a lo largo del proceso idearon nuevas formas de supervisión burocrática y desarrollaron novedosas técnicas de vigilancia concebidas para acumular más información sobre los ciudadanos del país, mientras se impedía el paso a los «indeseables».

Cuando el acelerado proceso de industrialización agudizó las disparidades existentes en cuanto a riqueza y bienestar más allá de cualquier límite tolerable, muchos trabajadores del Norte global empezaron a organizarse políticamente en diversos movimientos sindicales y partidos socialistas. No obstante, sus idealistas llamamientos a la solidaridad internacional de clase fueron en gran medida desatendidos. Por otra parte, diversas ideologías que traducían el imaginario nacional en programas políticos radicales despertaron la ilusión de millones de personas de todo el mundo. No hay duda de que, a principios del siglo XX, las rivalidades interestatales se intensificaron debido a las migraciones masivas, la urbanización, la competición colonial y la excesiva liberalización del comercio mundial. El período posterior de nacionalismo extremo culminó en dos devastadoras guerras mundiales, diversos genocidios, un largo período de depresión económica, y medidas hostiles de protección de comunidades políticas concebidas con estrechez de miras.

Al final de la Segunda Guerra Mundial se produjo la explosión de dos potentes bombas atómicas que causaron la muerte de 200.000 japoneses, la mayoría de ellos civiles. Esto bastó para convencer a gente de todo el mundo del destino compartido de «naciones» separadas desde el punto de vista tanto político como geográfico. De hecho, el imaginario global descubrió una expresión horripilante en el acrónimo de la Guerra Fría MAD (*mutually assured destruction*, destrucción mutua asegurada). Se obtuvo un resultado más positivo en el proceso de descolonización de las décadas de 1950 y 1960, en las que poco a poco se reactivaron los flujos globales y los intercambios internacionales. Un nuevo orden político de Estados nación soberanos pero interdependientes en el marco de las Naciones Unidas aumentó las expectativas de una gobernanza democrática global. No obstante, estas esperanzas cosmopolitas se desvanecieron enseguida, pues durante cuatro largas décadas la Guerra Fría dividió el mundo en dos esferas antagónicas: un Primer Mundo capitalista liberal, dominado por los Estados Unidos, y un Segundo Mundo socialista autoritario controlado por la Unión Soviética. Por otro lado, ambos bloques pretendían establecer su dominio político e ideológico en el Tercer Mundo. Precisamente debido a diversos enfrentamientos entre las superpotencias, como la crisis de los misiles de Cuba, apareció el espectro de un conflicto global capaz de acabar prácticamente con toda la vida del planeta.

El período contemporáneo (desde la década de 1980)

Como señalamos al principio del capítulo, la espectacular creación, expansión y aceleración de interdependencias mundiales y los intercambios globales que han tenido lugar desde la década de 1980 suponen aún otro salto cuántico en la historia de la globalización. La mejor manera de describir esta última oleada globalizadora sería denominarla «la gran convergencia»: personas diferentes y muy distantes junto a conexiones sociales confluyendo más rápidamente que nunca. Esta dinámica experimentó otro estímulo gracias al colapso, en 1991, del imperio comunista soviético y a los intentos «neoliberales» de crear un mercado global integrado. De hecho, la combinación de la desregulación de las economías nacionales con la revolución de las TIC dio a la globalización una orientación nueva. El inaudito desarrollo de redes horizontales de comunicación interactiva que conectan lo local y lo global ha sido posible gracias a la difusión a escala mundial de internet, la comunicación inalámbrica, los medios digitales y diversos servicios *online* de redes sociales.

Pero, ¿cómo se ha acelerado exactamente la globalización en estas tres últimas décadas? ¿Qué dimensiones de la actividad humana se han visto más afectadas por la globalización? La globalización contemporánea, ¿es algo «bueno» o «malo»? A lo largo del libro veremos posibles respuestas a estas preguntas clave. De este modo, limitaremos la aplicación del término *globalización* al período contemporáneo sin dejar de tener muy presente que, en realidad, las fuerzas impulsoras de estos procesos se remontan a miles de años atrás.

Antes de emprender la siguiente etapa de nuestro viaje por la globalización, hagamos una pausa y recordemos un comentario que hicimos en el capítulo 1. La globalización no es un proceso único, sino un conjunto de procesos que operan de manera simultánea y desigual en distintos niveles y en varias dimensiones. Podríamos comparar estas interacciones e interdependencias con un complejo tapiz de formas y colores que se superponen. Sin embargo, igual que un aprendiz de mecánico de coches ha de apagar y desmontar el motor para entender su funcionamiento, si el estudioso de la globalización quiere comprender la red de conectividad social, ha de aplicar métodos analíticos diversos. En este libro identificamos, exploramos y evaluamos patrones de globalización en cada uno de los ámbitos principales –económico, político, cultural, ecológico e ideológico– mientras tenemos en cuenta su funcionamiento como totalidad interactiva en todas las escalas geográficas. Y si por un lado estudiaremos las distintas dimensiones de la globalización por separado, por otro venceremos la tentación de reducirla a un aspecto único «de la máxima importancia». Así pues, evitaremos el error que impidió a los ciegos captar la manifestación completa del elefante.

3
La dimensión económica de la globalización

Al principio del capítulo 2 señalamos que diversas formas nuevas de tecnología configuradas en torno a internet y los medios y redes sociales se cuentan entre las principales señas de identidad de la globalización contemporánea. En efecto, la magnitud del progreso tecnológico observado en las tres últimas décadas es un buen indicador de profundas transformaciones sociales centradas en el mercado. Ciertos cambios en el modo en que la gente acomete la producción económica y organiza el intercambio de bienes y mercancías representan un aspecto indiscutible de la gran transformación de nuestra época. La globalización económica hace referencia a la intensificación y a la extensión de las conexiones económicas en todo el planeta. Enormes flujos de capital mediatizados por la tecnología digital y medios de transporte estandarizados han estimulado el comercio de bienes y servicios. Al ampliar su alcance al conjunto del globo, los mercados han migrado al ciberespacio e integrado las economías locales, nacionales y regionales. Grandes empresas transnacionales (ETN), poderosas instituciones económicas internacionales y gigantescas redes regionales comerciales y empresariales, como la Cooperación Económica Asia-Pacífico (APEC) o la Unión Europea (UE), se han revelado como los principales cimientos del orden económico global del siglo XXI.

Aparición del orden económico global

La globalización económica contemporánea se remonta a la aparición gradual de un orden económico internacional nuevo creado en una conferencia económica celebrada al final de la Segunda Guerra Mundial en la tranquila ciudad de Bretton Woods, en Nueva Inglaterra (véase ilustración 7). Bajo el liderazgo de los Estados Unidos y Gran Bretaña, las más importantes potencias económicas del Norte global revocaron sus políticas intervencionistas del período de entreguerras (1918-1939). Además de llegar a un compromiso firme para expandir el comercio internacional, los participantes en la reunión también acordaron establecer normas vinculantes sobre las actividades económicas internacionales. Además, decidieron crear un sistema de intercambio monetario más estable en el que el valor de la moneda de cada país estuviera sujeto a un valor-oro fijo del dólar estadounidense. No obstante, dentro de estos límites establecidos, los países tenían libertad para controlar la permeabilidad de sus fronteras. Esto permitió a los gobiernos nacionales crear sus propias agendas económicas.

Bretton Woods también sentó las bases institucionales para la constitución de tres organizaciones económicas internacionales nuevas. El Fondo Monetario Internacional (FMI) se fundó para administrar el sistema monetario mundial. El Banco Internacional para la Reconstrucción y el Desarrollo, más adelante

7. Conferencia de Bretton Woods de 1944.

conocido como Banco Mundial, fue concebido inicialmente para conceder préstamos que permitieran la reconstrucción europea en la posguerra; durante la década de 1950, sin embargo, sus objetivos se ampliaron para incluir la financiación de diversos proyectos industriales en países en desarrollo de todo el mundo. Por último, en 1947 se instituyó el Acuerdo General sobre Aranceles Aduaneros y Comercio (GATT), organización del comercio global encargada de propiciar y hacer cumplir acuerdos comerciales multilaterales. En 1995, se fundó la Organización Mundial del Comercio (OMC) como sucesora del GATT. A finales de siglo, la OMC fue el principal centro de atención de una acalorada controversia sobre el diseño y los efectos de la globalización económica.

En funcionamiento durante casi tres décadas, el régimen de Bretton Woods contribuyó muchísimo a lo que algunos observadores han llamado «la edad de oro del capitalismo controlado». Incluso los partidos políticos más conservadores de Europa y los Estados Unidos aceptaron cierta versión del intervencionismo estatal propuesta por el economista británico John Maynard Keynes, uno de los principales artífices del sistema de Bretton Woods. Determinados mecanismos vigentes de control estatal sobre los movimientos internacionales de capital posibilitaron el pleno empleo y la expansión del estado de bienestar. En los países ricos del Norte global, el aumento de los salarios y la mejora de los servicios sociales garantizaron un pacto social temporal. No obstante, a principios de la década de 1970, el sistema de Bretton Woods se desmoronó cuando el presidente Richard Nixon abandonó el sistema de tipos fijos basado en el oro en respuesta a profundos cambios políticos a escala mundial que estaban socavando la competitividad económica de las industrias radicadas en los EE. UU. La década se caracterizó por inestabilidad económica global en forma de inflación elevada, crecimiento económico bajo, tasas de desempleo altas, déficit del sector público, y dos crisis sin precedentes debidas a la capacidad de la Organización de Países Exportadores de Petróleo (OPEP) para controlar una gran parte del abastecimiento de carburante en el mundo. Diversas fuerzas políticas del Norte global estrechamente identificadas con el modelo de capitalismo controlado sufrieron una serie de aplastantes derrotas electorales a manos de partidos políticos conservadores que defendían lo que ha venido en llamarse «enfoque neoliberal» de la política social y económica.

En la década de 1980, la primera ministra británica Margaret Thatcher y el presidente norteamericano Ronald Reagan aparecieron como los colíderes de la revolución «neoliberal» contra el keynesianismo (véase recuadro 3). En la misma década, diversas élites pro-empresariales de los EE. UU. y Japón vincularon conscientemente el novedoso término *globalización* a una agenda política centrada en la «liberación» de las economías de regulación estatal en todo el mundo. Este orden económico neoliberal en ciernes recibió una legitimación adicional tras el desmoronamiento del bloque soviético comunista entre 1989 y 1991.

Recuadro 3. Neoliberalismo

El neoliberalismo está arraigado en los ideales liberales clásicos de Adam Smith (1723-1790) y David Ricardo (1772-1823), para quienes el mercado era un mecanismo autorregulable que tendía al equilibrio entre la oferta y la demanda, con lo que se garantizaba la máxima eficiencia en la asignación de recursos. Según estos filósofos británicos, cualquier restricción a la libre competencia entorpecería la eficacia natural de los mecanismos del mercado, lo cual provocaría inevitablemente estancamiento social, corrupción política y aparición de burocracias estatales inoperantes. También defendían la eliminación de los aranceles sobre las importaciones y otros obstáculos al comercio y los flujos de capital entre países. El sociólogo británico Herbert Spencer (1820-1903) añadió a esta doctrina un toque de darwinismo social al sostener que las economías de libre mercado constituyen la forma más civilizada de competición humana, en la que «los más aptos» llegarían a lo más alto de forma natural.

Desde entonces, los tres avances más significativos relacionados con la globalización económica han sido la internacionalización del comercio y las finanzas, el creciente poder de las empresas transnacionales y de los grandes bancos de inversión, y el papel más relevante de instituciones económicas como el FMI, el Banco Mundial y la OMC. Sin embargo, también ha habido importantes reveses económicos globales, como la Gran Recesión de 2008-2010 o la más reciente volatilidad financiera de China y la crisis económica de Brasil, intensificada por la inestabilidad política generada en 2016 a raíz del proceso de destitución de la presidenta Dilma Rousseff. Analizaremos brevemente estas transcendentales dinámicas de la globalización económica.

Internacionalización del comercio y las finanzas

Muchas personas vinculan la globalización económica a la controvertida cuestión del libre comercio. Al fin y al cabo, el valor total del comercio mundial se disparó desde 57.000 millones de dólares en 1947 hasta unos increíbles 18,5 billones en 2015. Ese año, China, el principal fabricante mundial, fue responsable del 12,7 % de las exportaciones globales de mercancías, mientras que a los EE. UU., el consumidor más voraz del mundo, le correspondía el 12,9 % de las importaciones globales de bienes y productos.

De hecho, el debate público sobre las supuestas ventajas y desventajas del libre comercio se recrudece hasta alcanzar un tono febril a medida que los países occidentales ricos y los bloques comerciales regionales incrementan sus esfuerzos por crear un mercado único global mediante acuerdos de gran alcance para la liberalización del comercio. Aun admitiendo que estos conjuntos de normas comerciales suelen saltarse las legislaciones nacionales, los defensores del libre comercio han asegurado al público que la supresión o reducción de las barreras comerciales existentes entre países elevará la riqueza global y aumentará las opciones del consumidor. Además, sostienen que la virtud primordial de los mercados integrados sería garantizar relaciones internacionales pacíficas e innovación tecnológica en beneficio de todos (véase recuadro 4).

Recuadro 4. Medidas neoliberales concretas

1. Privatización de empresas públicas
2. Desregulación de la economía
3. Liberalización del comercio y la industria
4. Grandes rebajas fiscales
5. Medidas «monetaristas» para mantener la inflación bajo control, aun corriendo el peligro de incrementar el desempleo
6. Control estricto de la sindicación
7. Disminución del gasto público, sobre todo el de carácter social
8. Reducción de tamaño del gobierno
9. Expansión de los mercados internacionales
10. Eliminación de los controles sobre flujos financieros globales

---

Hay pruebas de que, en efecto, algunas economías nacionales han incrementado su productividad como consecuencia del libre comercio. En países en desarrollo como China, India o Indonesia, millones de personas han salido de la pobreza. Como pone de manifiesto el Informe sobre los Objetivos de Desarrollo del Milenio de las Naciones Unidas de 2015, en el mundo en desarrollo el porcentaje de personas que vivían en la extrema pobreza (con menos de 1,25 dólares diarios) descendió desde casi el 50 % en 1990 hasta el 14 % en 2015. Además, hay algunos beneficios materiales claros que se acumulan en las sociedades gracias a la especialización, la competencia y la difusión de la tecnología. Aun así, en el mundo todavía existen más de 700 millones de personas que viven en la miseria extrema. Además, como veremos en el capítulo 8, las desigualdades en cuanto a ingresos y riqueza han aumentado dentro de los países, y de unos con respecto a otros. Por último, no está del todo claro si los beneficios resultantes del libre comercio se han repartido equitativamente en y entre las diversas poblaciones.

La internacionalización del comercio ha corrido paralela a la liberalización de las transacciones financieras. Sus componentes clave incluyen la desregulación de los tipos de interés, la eliminación de los controles crediticios, la privatización de los bancos gubernamentales y las instituciones financieras, y el espectacular crecimiento de la banca de inversión. La globalización del comercio financiero facilita una mayor movilidad entre los diferentes segmentos de la industria financiera al haber menos restricciones y más oportunidades de inversión. Innovadoras estructuras por satélite y cables de fibra óptica han procurado el sistema nervioso de tecnologías basadas en internet que ha acelerado aún más la liberalización de las transacciones financieras (véase figura C). Tal como capta el original título del superventas de Bill Gates,

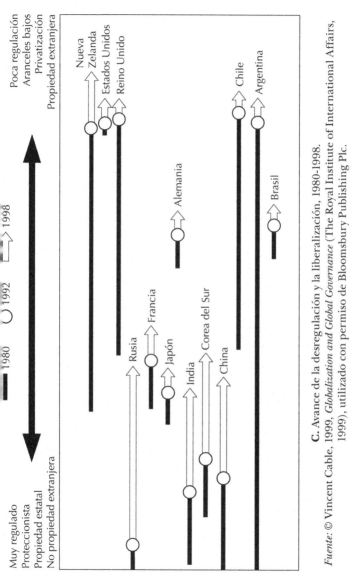

C. Avance de la desregulación y la liberalización, 1980-1998.

Fuente: © Vincent Cable, 1999, *Globalization and Global Governance* (The Royal Institute of International Affairs, 1999), utilizado con permiso de Bloomsbury Publishing Plc.

muchas personas han llevado a cabo negocios en la era digital (*Business @ the Speed of Thought,* negocios a la velocidad del pensamiento). Millones de inversores individuales han utilizado redes globales de inversión electrónica no solo para realizar su pedido en las principales Bolsas del mundo, sino también para recibir valiosa información sobre novedades económicas y políticas de relevancia (véase ilustración 8).

No obstante, una gran parte del dinero implicado en esta «financiarización» del capitalismo global que recorrió la primera década del nuevo siglo tenía poco que ver con el suministro de capital a determinadas inversiones productivas, como montar máquinas u organizar a empleados y materias primas para fabricar mercancías comercializables. Casi todo el crecimiento financiero derivaba del incremento en la concesión de préstamos en el sector inmobiliario, en forma de «fondos de cobertura» de alto riesgo, así como de ope-

8. La Bolsa de Nueva York.

raciones en otros mercados de valores y divisas donde se manejaba exclusivamente dinero y, en principio, se obtenían beneficios de producciones futuras. En otras palabras, los inversores apostaban por mercancías o tipos de cambio que aún no existían. Dominados por mercados bursátiles muy sensibles que impulsan innovaciones de alto riesgo, los sistemas financieros del mundo acabaron caracterizándose por una volatilidad elevadísima, una competencia desenfrenada, una inseguridad general y un fraude descarado. Por su parte, los especuladores globales solían sacar provecho de las débiles regulaciones financieras y bancarias para obtener beneficios astronómicos en mercados emergentes de países en vías de desarrollo. No obstante, como estos flujos de capital internacional se pueden revocar rápidamente, son capaces de crear ciclos artificiales de expansión y contracción que hacen peligrar el bienestar social de regiones enteras. Este fue precisamente el desencadenante de la crisis económica asiática de 1997-1998, que causó estragos en la región.

Una década después, la creciente volatilidad de los flujos financieros se combinó con tres décadas de desregulación neoliberal para ocasionar un colapso global seguido de un período en curso de inestabilidad económica crónica. Antes de continuar nuestra exploración de la globalización económica con respecto al creciente poder de las empresas transnacionales y el papel más protagonista de las instituciones económicas internacionales, haremos una pausa para analizar brevemente la evolución de esta época de volatilidad económica global tomando en consideración tres hitos cruciales: 2008/2009 y la consiguiente Gran Recesión; la crisis de la deuda europea, que alcanzó su punto culminante con la crisis de la deuda griega en 2015; y la ralentización económica china reflejada en el desplome de sus mercados bursátiles en 2016.

La época de la volatilidad económica global

La Crisis Financiera Global (CFG) se origina en las décadas de 1980 y 1990, cuando tres gobiernos sucesivos de los EE. UU. bajo los respectivos mandatos de los presidentes Reagan, Bush I y Clinton impulsaron una significativa desregulación de la industria nacional de servicios financieros. La desregulación neoliberal del capital financiero norteamericano se tradujo en un frenesí de fusiones que engendraron enormes conglomerados deseosos de meterse de lleno en proyectos que no formaban parte necesariamente de su negocio básico. Derivados, futuros financieros, seguros de impago de deuda y otros instrumentos esotéricos llegaron a ser muy populares cuando nuevos modelos matemáticos de base informática empezaban a sugerir métodos más seguros para gestionar el riesgo incluido en la compra de un activo en el futuro a un precio acordado en el presente. Basándose mucho menos en depósitos de ahorros, las instituciones financieras tomaban prestado unas de otras y vendían esos préstamos como valores, con lo que trasladaban el riesgo a quienes invertían en dichos valores. Otros instrumentos financieros «innovadores», como los «fondos de cobertura» de alto riesgo complementados con fondos prestados, propiciaron una gran variedad de actividades especulativas. Miles de millones de dólares de inversión fluyeron hacia complejos «valores respaldados por hipotecas» que prometían a los inversores una rentabilidad de hasta el 25 % del capital propio.

Protegidos por las políticas monetaristas centradas en que se mantuvieran bajos los tipos de interés y que fluyera el crédito, a la larga los bancos de inversión ampliaron su búsqueda de capital comprando arriesgados créditos *subprime* a agentes hipotecarios, quienes, tentados por la promesa de elevadas comisiones, aceptaban solicitudes de préstamo con pagos a cuenta bajos o nulos y sin verificación de solvencia. Cada vez más populares en los Estados Unidos, la mayoría de estos préstamos eran hipotecas de tasa variable ligadas a fluctuaciones en los tipos de interés a corto plazo. La banca de inversión se hizo con estos préstamos de alto riesgo sabiendo que podría revenderlos –también, por tanto, el riesgo incluido– empaquetándolos en activos combinados no sometidos ya a regulación gubernamental. De hecho, uno de los más complejos de entre estos «innovadores» instrumentos de titulización –denominados «obligaciones de deuda garantizada»– solía ocultar los préstamos problemáticos juntándolos con activos de menor riesgo y revendiéndolos luego a inversores incautos. Además, estaban respaldados por calificaciones crediticias de prestigiosas empresas como Standard and Poor's o Moody's. Los elevados rendimientos generados por estos nuevos valores atrajeron a cada vez más inversores de todo el mundo, con lo que se globalizaron con rapidez más de un billón de dólares mediante lo que se acabó conociendo como «activos tóxicos».

A mediados de 2007, sin embargo, la apisonadora se quedó por fin sin combustible cuando la sobrevaloradísima propiedad inmobiliaria comenzó a caer y las ejecuciones hipotecarias aumentaron de forma espectacular. Algunas de las más importantes y respetables instituciones financieras, compañías de seguros y entidades suscriptoras de préstamos hipotecarios patrocinadas por el Gobierno, como Lehman Brothers, Bear Stearns, Merrill Lynch, Goldman Sachs, AIG, Citicorp, JP Morgan Chase, IndyMac Bank, Morgan Stanley, Fannie Mae y Freddie Mac, por citar solo algunas, o bien se declararon en bancarrota, o bien tuvieron que ser rescatadas por los contribuyentes. En última instancia, tanto el conservador Bush II como el liberal Obama abogaron por gastar centenares de miles de millones de dólares en valores hipotecarios en apuros a cambio de una participación gubernamental en el negocio intervenido. Gran Bretaña y casi todos los demás países industrializados siguieron el ejemplo y realizaron sus propios rescates de miles de millones de dólares, con la esperanza de que estas enormes inyecciones de capital en los achacosos mercados financieros ayudara a apuntalar instituciones financieras consideradas «demasiado grandes para dejarlas caer». Sin embargo, una de las principales consecuencias del fallido sistema financiero fue que los bancos que intentaban reponer su base de capital ya casi no podían permitirse seguir prestando grandes cantidades de dinero (véase recuadro 5). El flujo de crédito global se redujo al mínimo, y muchos negocios e individuos que dependían del crédito tuvieron muchas más dificultades para acceder a él. A su vez, esta escasez de financiación tuvo impacto en la rentabilidad de muchas empresas, lo que las obligó a reducir la producción y despedir a trabajadores. Disminuyó la producción industrial y se disparó el desempleo, mientras los mercados de valores perdían actividad a marchas forzadas.

Recuadro 5. La crisis financiera global

Cuando leemos acerca de la CFG, aparecen cifras enormes por todas partes con mucha prodigalidad. Pese a su similar ortografía, millón, mil millones y billón representan órdenes de magnitud radicalmente distintos. Imaginemos una situación hipotética: si gastaras un dólar cada segundo, gastarías un millón de dólares más o menos en doce días. Al mismo ritmo, tardarías aproximadamente 32 años en gastar 1.000 millones. Si llevamos esto al nivel siguiente, para gastar un billón de dólares harían falta 31.546 años.

En 2009, la CFG se había convertido en la Gran Recesión: habían desaparecido 14,3 billones de dólares, o, lo que es lo mismo, el 33 % del valor de las empresas del planeta. El mundo en vías de desarrollo recibió un golpe especialmente duro en forma de déficit financiero de 700.000 millones de dólares a finales de 2010. A principios de la década de 2010, los líderes de las veinte principales economías (G20) se reunieron en repetidas ocasiones para diseñar una estrategia común que les permitiera hacer frente a una depresión global (véase mapa 3). Aunque la mayoría de los países fueron saliendo poco a poco de lo que se había venido en llamar «la Gran Recesión», en muchas partes del mundo el crecimiento económico seguiría siendo muy débil y las cifras de desempleo disminuirían muy lentamente.

Pronto quedó claro que la CFG y su consiguiente Gran Recesión habían engendrado una grave crisis de deuda soberana y una crisis bancaria, sobre todo en la UE. Esta turbulencia financiera en continuo aumento en la eurozona no solo amenazaba la frágil recuperación de la economía global, sino que además casi hizo caer en bancarrota a Grecia, «la cuna de la civilización occidental». Lo que acabó conociéndose como «la crisis de la deuda griega» comenzó en 2009 y 2010 –como consecuencia de la CFG–, cuando el Gobierno griego comunicó que había subestimado los déficits del presupuesto nacional y se estaba quedando sin fondos. Como los griegos no podían acceder a préstamos en los mercados financieros globales, el FMI y el BCE se vieron obligados a improvisar dos gigantescos rescates que ascendían a un total de 275.000 millones de dólares a fin de evitar el desplome financiero del país. No obstante, los prestamistas de la UE impusieron duras condiciones de austeridad a cambio del empréstito, lo cual originó más penurias y no logró restablecer la estabilidad. La economía griega se contrajo en una cuarta parte, y el índice de desempleo del país se disparó hasta llegar al 25 %. Este desastroso episodio económico exacerbó la indignación de la gente ante las políticas neoliberales de austeridad y agudizó la polarización política del país.

En 2015, el partido de izquierdas Syriza obtuvo una sorprendente victoria electoral, lo que permitió al carismático líder de 41 años Alexis Tsipras ocupar el cargo de primer ministro. Ayudado por su extravagante ministro de Finanzas Yanis Varoufakis, Tsipras negoció una pequeña ampliación del préstamo solo para hacer frente al ultimátum de los prestamistas europeos encabezados por Alemania, para que pusiera en práctica aún más medidas de austeridad. Tsipras se negó y convocó un referéndum nacional sobre la acep-

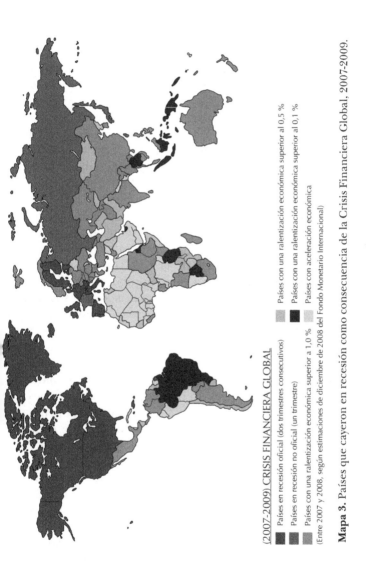

(2007-2009) CRISIS FINANCIERA GLOBAL

■ Países en recesión oficial (dos trimestres consecutivos)

■ Países en recesión no oficial (un trimestre)

■ Países con una ralentización económica superior a 1,0 %

(Entre 2007 y 2008, según estimaciones de diciembre de 2008 del Fondo Monetario Internacional)

■ Países con una ralentización económica superior al 0,5 %

■ Países con una ralentización económica superior al 0,1 %

■ Países con aceleración económica

Mapa 3. Países que cayeron en recesión como consecuencia de la Crisis Financiera Global, 2007-2009.

tación de esas condiciones draconianas. A la derrota en el denominado «referéndum del rescate» –por un 61 % de los votos– le siguieron semanas de frenéticas negociaciones entre Tsipras y los otros dirigentes de la UE. Al final, los acreedores ofrecieron un préstamo mayor, de varios miles de millones, a lo largo de tres años, al que acompañarían parecidas condiciones de austeridad (véase figura D). Aprovechándose del desafiante estado de ánimo popular, Tsipras dimitió y convocó nuevas elecciones. Su apuesta había valido la pena: el 20 de septiembre de 2015, Syriza consiguió una victoria rotunda.

Menos de dos meses después, sin embargo, Tsipras se vio forzado a ceder ante el creciente temor popular de que la pésima situación económica del país sería aún peor sin el rescate de la UE. Tras un acalorado debate, el parlamento griego aprobó las medidas de alivio de la deuda, incluida la aplicación de sus polémicas condiciones, entre las que se incluían aumentos de impuestos para los agricultores y grandes recortes en el sistema de pensiones públicas. No obstante, queda por ver si el tercer rescate de la UE pone por fin a Grecia en el camino de la recuperación económica. Las primeras señales no han sido alentadoras, pues a principios de 2016 el país sufrió una huelga general encabezada por agricultores indignados que contribuyó a una abrupta caída de la actividad en la Bolsa de Atenas.

En todo caso, Grecia fue solo uno de los muchos países que experimentaron tendencias bajistas del mercado en este último episodio de inestabilidad y volatilidad económica global. El acontecimiento más sorprendente tuvo lugar en la República Popular China –país que, a juicio de numerosos observadores, es el bastión de la salud económica, pues da cuentas del 18 % de la actividad económica mundial–, cuando sus mercados de valores cayeron en picado. A principios de enero de 2016, los índices compuestos de Shanghái y Shenzhen perdieron el 5,3 y el 6,6 %, respectivamente, en menos de una semana. La confusión en los mercados chinos provocó descensos igualmente acusados en Bolsas de todo el mundo. Tras años de tasas históricas de crecimiento de entre el 7 y el 9 %, la economía china estaba dando paso a aumentos del PIB menos espectaculares del 3 % anual. La principal razón subyacente a las tribulaciones económicas del país era el enfriamiento de su sector industrial: sobre todo la debilidad de los mercados de la vivienda y de la construcción, así como la disminución en el ritmo de las exportaciones. El efecto dominó se dejó sentir en todo el mundo en forma de devaluaciones de moneda en Sudáfrica, marcados descensos en los mercados de productos básicos de Brasil y Australia, y alteraciones en las cadenas integradas de suministro de Japón y Corea. No obstante, quizá el impacto más significativo de la ralentización económica china tuvo que ver con los precios globales del petróleo, que a principios de 2016 bajaron hasta 30 dólares el barril; los principales productores, como Rusia, Venezuela y Arabia Saudí, se vieron muy afectados por este desplome de precios. En pocas palabras, la época de volatilidad económica global que había empezado con la CFG no mostraba signos de que fuera a remitir en breve. De hecho, alcanzó un nuevo apogeo en junio de 2016, cuando el 52 % de los votantes del Reino Unido se pronunciaron a favor de «marcharse» en el Brexit, un referéndum sobre seguir perteneciendo o no a la UE. Aunque las consecuencias de la salida del Reino Unido de la UE tardarán algunos años en aclararse del todo, cabe esperar una continuación de la volatilidad económica a escala mundial.

Deuda del Gobierno griego

63.000 millones de euros de deuda privada

Incluye bonos del Estado y otros préstamos

195.000 millones de euros del rescate*

57.000 millones de Alemania

320.000 millones de euros en total

Todas las cifras están en miles de millones de euros y corresponden a cálculos de 2014

11.000 millones de otros préstamos

24.000 millones del FMI

27.000 millones en bonos del BCE y otros bancos de la eurozona

62.000 millones de otros prestamistas internacionales

32.000 millones de otros

43.000 millones de Francia

38.000 millones de Italia

25.000 millones de España

*Los países europeos prestaron a Grecia mediante dos instituciones recién creadas: 53.000 millones a través del Bilateral Loan Facility (Sistema de Préstamos Bilaterales) y 142.000 millones a través del European Financial Stability Facility (Fondo Europeo de Estabilidad Financiera). Esto se suma a la contribución de cada país al FMI.

D. Deuda nacional griega: ¿quiénes son los acreedores?
Fuentes: datos tomados de http://economydecoded. com/2015/07/how-greece-failed/ con permiso; y Deutsche Bank, IMF, Reuters, Bloomberg.

El poder de las empresas transnacionales

Volvamos ahora a nuestros dos temas finales relacionados con la globalización económica: el creciente poder de las ETN y el papel reforzado de las instituciones económicas internacionales. Las ETN, versiones contemporáneas de las primeras empresas comerciales modernas que vimos en el capítulo 2, son poderosas entidades que se componen de la sociedad matriz y de unidades subsidiarias en más de un país, de modo que todas funcionan con arreglo a un sistema coherente de toma de decisiones y a una estrategia común. Su número se disparó desde 7.000 en 1970 hasta más de 100.000 en 2015. Empresas como General Motors, WalMart, ExxonMobil, Mitsubishi o Siemens se cuentan entre las 200 ETN más grandes, lo que supone más de la mitad de la producción industrial mundial. Ninguna de estas compañías tiene sus oficinas centrales fuera de Norteamérica, México, Europa, China, Japón y Corea del Sur; esta concentración geográfica refleja la existencia de unas relaciones de poder asimétricas entre el Sur y el Norte.

Rivales de los Estados nación en cuanto a poder económico, estas empresas controlan buena parte del capital de inversión y la tecnología mundial amén del acceso a los mercados internacionales. Para mantener su posición destacada en el mercado global, las ETN suelen fusionarse con otras corporaciones. En 2015, estas compañías gastaron a escala mundial más de 4,7 billones de dólares en comprarse unas a otras. Entre algunas de las fusiones recientes se incluyen la unificación, en una operación realizada en 2001 por valor de 164.000 millones de dólares, del principal proveedor de servicios de internet, AOL, y el gigante del entretenimiento Time Warner; la adquisición, en 2013, de Verizon Wireless Inc. de Vodafone por Verizon Communications a cambio de 130.000 millones de dólares; o la «fusión de la cerveza», que unió a Anheuser-Busch InBev y SABMiller por la friolera de 105.000 millones de dólares.

Las ETN han consolidado sus actuaciones globales en un mercado laboral global cada vez más desregulado. La disponibilidad de mano de obra barata, recursos y condiciones de producción favorables en el Sur global ha potenciado la rentabilidad y la movilidad empresarial. Las ETN, a las que corresponde el 70 % del comercio mundial, han aumentado sus inversiones extranjeras directas aproximadamente un 15 % anual. Como muestra el *Informe sobre las inversiones en el mundo* de la UNCTAD, se espera que las inversiones extranjeras directas (IED) globales realizadas por las 100 empresas multinacionales más importantes asciendan a la cifra de 1,7 billones de dólares. Además, su capacidad para dispersar los procesos de fabricación en muchas fases separadas llevadas a cabo en distintos emplazamientos de todo el orbe refleja el carácter variable de la producción global. Estas redes de producción transnacional permiten a ETN como WalMart, General Motors o Volkswagen fabricar, distribuir y comercializar sus artículos y manufacturas a escala global.

Sin duda, el creciente poder de las ETN ha alterado muchísimo la estructura y el funcionamiento de la economía internacional. Estas empresas gigantes y sus estrategias globales han acabado condicionando en gran medida los flujos comerciales, la ubicación de las industrias y otras actividades económicas del mundo entero.

Empresa	Industria/Oficinas centrales	Valor de mercado*	País**	PIB*
1. Apple	Hardware informático	725	Turquía	722
2. ExxonMobil	Operaciones petroleras y gasísticas	357	Austria	373
3. Berkshire Hathaway	Servicios de inversión, EE. UU.	356	Emiratos Árabes Unidos	339
4. Google	Servicios informáticos, EE. UU.	346	Sudáfrica	317
5. Microsoft	Programación y *software* informáticos, EE. UU.	334	Malasia	313
6. Petrochina	Operaciones petroleras y gasísticas	330	Hong Kong	308
7. Wells Fargo	Sector bancario y financiero, EE. UU.	280	Colombia	274
8. Johnson & Johnson	Equipos y suministros médicos, EE. UU.	279,7	Pakistán	271
9. Banco comercial e industrial de China	Sector bancario y financiero, China	275	Chile	240
10. Novartis	Productos farmacéuticos, Suiza	268	Finlandia	231

* en miles de millones de dólares.
** clasificación mundial según el PIB.

E. Empresas transnacionales frente a países: una comparación. *Fuente:* creada a partir de datos tomados de Statista, 2015: https://www.statista.com/statistics/263264/top-companies-in-the-world-by-the-market-value/; Knoema World GDP Rankings 2015, p. 10: https://knoema.com/nwnfkne/world-GDP-ranking-2015-data-and-charts; Forbes Global 2000: http://www.forbes.com/stes/liyanchen/2015/05/06/the-worlds-largest-companies/#4cc16a74fe5

En un estudio pionero publicado en 2011 se analizaban las relaciones entre 43.060 ETN grandes en cuanto a la titularidad de acciones que las conectaba. Según los resultados obtenidos, un pequeño núcleo de 1.318 corporaciones parecía poseer conjuntamente, a través de sus acciones, la mayoría de las empresas manufactureras de primera fila. De hecho, un número incluso menor de estas ETN –para ser exactos, 147 compañías superconectadas– controlaban el 40 % de la riqueza total del sistema. La mayoría de ellas eran instituciones financieras como Barclays Bank, que encabezaba la lista. No obstante, fue precisamente este banco el que se encontró en el ojo del huracán de un enorme escándalo que, en julio de 2012, sacudió al mundo financiero, cuando se reveló que Barclays y otros 15 bancos importantes llevaban años amañando los tipos de interés más importantes a nivel mundial.

Durante las últimas décadas, no hay duda de que las ETN han llegado a ser actores económicos globales de primer orden (véase figura E). Según la lista Forbes Global 2000 de 2015, las 2.000 ETN principales tenían la sede central en 60 países y contabilizaban unos ingresos combinados de 39 billones de dólares, beneficios de 3 billones, activos por valor de 162 billones y un valor de mercado de 48 billones. Así pues, las ETN no solo influyen en el bienestar económico, político y social de miles de millones de individuos, sino que además compiten por el poder económico con países enteros. De hecho, en 2015 las diez ETN más importantes del mundo –según su valor de mercado– tenían, en términos comparativos, un tamaño superior al de algunas de las 50 principales economías nacionales.

El papel más destacado de las instituciones económicas internacionales

Las tres instituciones económicas citadas con más frecuencia en el contexto de la globalización económica son el FMI, el Banco Mundial y la OMC. Estas tres entidades gozan de la privilegiada posición de elaborar y hacer cumplir las reglas de una economía global apoyada en significativos diferenciales de poder entre el Norte y el Sur globales. (Como examinaremos la OMC con cierto detalle en el capítulo 8, aquí nos centraremos en las otras dos instituciones). Como ya se ha dicho, el FMI y el Banco Mundial surgieron del sistema de Bretton Woods. Durante la Guerra Fría, su importante función de conceder préstamos a países en desarrollo acabó estando ligada al objetivo político de Occidente de frenar el comunismo. Iniciada en la década de 1970, y sobre todo después del desmoronamiento de la Unión Soviética, la agenda económica del FMI y el Banco Mundial ha respaldado en buena medida los intereses neoliberales por integrar y desregular los mercados del mundo entero (véase recuadro 6).

Recuadro 6. Papel de Nokia en la economía finlandesa

Llamada así por el nombre de una pequeña ciudad del sudoeste de Finlandia, en 1871 Nokia Corporation tuvo unos inicios modestos para acabar siendo la mayor ETN del mundo dedicada a la fabricación de teléfonos móviles y a las industrias convergentes de internet. En 1998, Nokia vendió una cifra récord de 41 millones de móviles en todo el mundo. A principios de siglo, sus productos conectaban a más de mil millones de personas en una red invisible que abarcaba todo el planeta. Motor de la economía finlandesa, Nokia daba trabajo a 22.000 finlandeses –sin contar los 20.000 empleados de empresas que dependían de contratos con Nokia–. La corporación representaba dos tercios del valor de la Bolsa y una quinta parte de las exportaciones totales del país. No obstante, el regalo de Nokia a Finlandia –la distinción de ser el país más interconectado del mundo– tuvo el precio de la dependencia económica. La empresa generaba una gran parte de la recaudación fiscal del país, y sus ventas anuales equivalían a casi todo el presupuesto estatal. Por eso, cuando a finales de la década de 2000 el ritmo de crecimiento de Nokia descendió como consecuencia de la CFG –en 2012 fueron despedidos 10.000 trabajadores y cerraron algunas empresas finlandesas–, los ejecutivos de la compañía presionaron con éxito al Gobierno para que rebajara las tasas impositivas empresariales. Muchos ciudadanos finlandeses se quejaron de que esta influencia ejercida por apenas unos cuantos directivos de Nokia se traducía en exenciones fiscales que afectaban negativamente al generoso e igualitario estado de bienestar del país. Tras nuevos reveses económicos que provocaron más despidos, en 2013 Nokia vendió su negocio de móviles a Microsoft. No obstante, las exenciones fiscales concedidas a Nokia por el Gobierno finlandés permitieron a la empresa ganar tiempo y diseñar y poner en práctica un nuevo plan de negocios centrado en equipos de red y tecnología inalámbrica innovadora. El éxito de esta estrategia quedó reflejado en la compra, por parte de Nokia, de la empresa francesa de telecomunicaciones Alcatel-Lucent por 20.000 millones de dólares. En 2016, la compañía había vuelto a aumentar la plantilla hasta superar los 60.000 empleados repartidos entre 120 países, y había acumulado unos beneficios globales anuales de 4.200 millones de dólares.

A cambio de la concesión de préstamos tan necesarios a países en desarrollo, el FMI y el Banco Mundial exigen a los países prestatarios la puesta en marcha de los denominados «programas de ajuste estructural». Desplegado en países en vías de desarrollo en la década de 1990, este conjunto de medidas neoliberales suele conocerse como el «Consenso de Washington», ideado y codificado por John Williamson, quien en la década de 1970 era consejero del FMI. Las diversas secciones del plan estaban dirigidas principalmente a países con una gran deuda externa pendiente desde las décadas de 1970 y 1980. El propósito oficial del documento era reformar los mecanismos económicos internos de los países deudores en desarrollo a fin de que estuvieran en mejores condiciones para liquidar las deudas contraídas. En la práctica, no obstante, las condiciones del programa revelaban una nueva forma de colonialismo. Los diez puntos del Consenso de Washington, tal como los definiera Williamson, exigían a los gobiernos la aplicación de los siguientes ajustes estructurales, que les permitirían cumplir con los requisitos necesarios para obtener el préstamo:

1. Garantía de disciplina fiscal, y coto al déficit presupuestario.
2. Disminución del gasto público, especialmente en la administración pública y militar.
3. Reforma fiscal, concebida para crear un sistema de base amplia y aplicación efectiva.
4. Liberalización financiera, con tipos de interés determinados por el mercado.
5. Tipos de cambio competitivos, que contribuyan al crecimiento basado en la exportación.
6. Liberalización comercial, sumada a la eliminación de licencias de importación y a la reducción de aranceles.
7. Fomento de las inversiones extranjeras directas.
8. Privatización de las empresas estatales, lo que desemboca en una gestión eficiente y en un mayor rendimiento.
9. Desregulación de la economía.
10. Protección de los derechos de propiedad.

No es casualidad que este programa recibiera el nombre de «Consenso de Washington», pues los Estados Unidos han sido la potencia dominante en el FMI y el Banco Mundial desde el principio.

Por desgracia, sin embargo, buena parte de esos préstamos para el desarrollo concedidos por estas instituciones ha ido a parar a los bolsillos de líderes políticos autoritarios del Sur global, o han enriquecido a negocios locales y a las empresas del Norte a cuyo servicio suelen estar. A veces se gastan exorbitantes sumas de dinero en proyectos de construcción precipitados.

En todo caso, lo más destacable es que los programas de ajuste estructural casi nunca producen el deseado resultado de desarrollar las sociedades deudoras, pues los recortes estipulados en el gasto público se traducen en menos programas sociales, menos oportunidades educativas, más contaminación medioambiental y más pobreza para la inmensa mayoría de la gente.

En los países en desarrollo, por regla general, el grueso del presupuesto nacional se dedica a pagar el servicio de la deuda pendiente. Según datos del Banco Mundial y de la OCDE, solo en 2010 los países en vías de desarrollo desembolsaron 184.000 millones de dólares en servicio de la deuda mientras recibían únicamente 134.000 millones en concepto de ayuda. Ese año, la deuda externa pública del Sur global alcanzó los 1,6 billones de dólares (véase figura F). Parece muchísimo dinero, si bien solo representa el 5 % de los aproximadamente 29 billones que el Gobierno de los Estados Unidos gastó en el rescate de los bancos tras la CFG. Presionados durante décadas por fuerzas globalistas anticorporativas como el Comité por la Anulación de la Deuda del Tercer Mundo, solo recientemente el FMI y el Banco Mundial se han mostrado dispuestos a plantearse una nueva política de condonación general de la deuda en casos especiales.

Como se ha visto en este capítulo, las perspectivas económicas sobre la globalización difícilmente se pueden examinar al margen de un análisis de las instituciones y del proceso político. Al fin y al cabo, la intensificación de la interconexión económica global no cae del cielo sin más, sino que se pone en marcha a raíz de una serie de decisiones políticas. Por tanto, aun admitiendo la importancia de la economía en nuestra descripción de la globalización, el capítulo termina

Deuda externa total de economías emergentes y en desarrollo en 1970	70.200 millones de dólares
Deuda externa total de economías emergentes en desarrollo en 1980	569.000 millones de dólares
Deuda externa total de economías emergentes y en desarrollo en 2013	6,857 billones de dólares
Deuda externa total de economías emergentes y en desarrollo en 2013 como porcentaje del PIB total	23,55 %
Deuda externa total de economías emergentes y en desarrollo en 2013 como porcentaje de bienes y servicios de exportación	72,25 %
Coste de la guerra de Irak y Afganistán para los EE. UU. (2001-2012)	1,349 billones de dólares
Coste de la instalación de energía eólica renovable en mil millones de hogares	1,2 billones de dólares
Cuantía de la deuda del Sur global que el G8 prometió condonar	100.000 millones de dólares
Cuantía de la deuda condonada realmente	46.000 millones de dólares
Número de países que cumplen con los requisitos de los Países Pobres Muy Endeudados	
Iniciativa de Países Pobres Muy Endeudados (HIPC)	36

Cantidad total de deuda multilateral de los 36 HIPC que NO reúnen los requisitos para la condonación	93.000 millones de dólares
Porcentaje del PIB del Líbano gastado en el servicio de la deuda	19%
Porcentaje del PIB del Líbano gastado en salud pública	4%
Deuda bruta de Mozambique en 2014	7.800 millones de dólares
Deuda bruta de Mozambique prevista en 2020	15.000 millones de dólares
Beneficios netos de Google en 2015	13.700 millones de dólares

F. El Sur global: un destino peor que la deuda.

Fuentes: FMI: http://www.inf.org/external/pubs/ft/weo/2012/01/weodata/index.aspx; CostofWar. com, 2012: http://costofwar.com/; Simon Murphy, «Third of Debts Owed by Poor Countries to UK is Interest on Original Loans», *The Guardian*, 2012: http://www.guardian.co.uk/world/2012/jan/22/poor-countries-debt-uk-interest; Jubilee Campaign UK, Getting into Debt, 2010, p. 8: http://jubileedebt.org. uk/countries; Statista: https://www.statista.com/search/?q=net+income; Committee for the Abolition of Third World Debt: <cadtom.org/Overview-of-debt-in-the-South>; IMF 2015 Factsheet, «Debt Relief under the Heavily Indebted Poor Countries (HIPC) Initiative»: http://www.imf.org/external/np/exr/facts/hipc.htm; Daniel Munevar y Eric Toussaint, «The Debt of Developing Countries» (11 de octubre de 2013): http://globalresearch.ca/the-debt-of-developing-countries-the-devastating-impacts-of-imf-world-bank-economic-medicine/5354027

con la sugerencia de que deberíamos mostrarnos escépticos con respecto a explicaciones tendenciosas que consideran la actividad económica en crecimiento como el aspecto principal de la globalización. En realidad, el impacto de la política en la forja de la interconectividad global exige que desarrollemos con más detalle precisamente la dimensión política de la globalización.

4

La dimensión política de la globalización

La globalización política hace referencia a la intensificación de la expansión de las interrelaciones políticas en todo el mundo. Estos procesos plantean un importante conjunto de cuestiones concernientes al principio de soberanía estatal, la creciente influencia de las organizaciones intergubernamentales y las perspectivas futuras para la gobernanza global y regional, los flujos migratorios globales y las políticas medioambientales que afectan al planeta. Evidentemente, estos temas son sensibles a la evolución de los acuerdos y planes políticos que van más allá del marco del Estado nación, lo que abre nuevos caminos institucionales y conceptuales. Al fin y al cabo, durante los dos últimos siglos, los seres humanos han resuelto sus diferencias políticas con arreglo a líneas territoriales que han generado la sensación de «pertenencia» a un Estado nación concreto.

La división artificial del espacio social planetario en esferas «nacionales» y «extranjeras» corresponde a identidades colectivas de la gente basadas en la creación de un «nosotros» común y de un «ellos» ajeno. Así pues, el sistema de los Estados nación modernos se basa en fundamentos psicológicos y en supuestos culturales que transmiten un sentido de seguridad esencial y de continuidad histórica, al tiempo que exige a sus ciudadanos que sometan sus lealtades nacionales a la prueba definitiva. Debido a las imágenes demonizadoras de los «desconocidos», la creencia de las personas en la superioridad de su nación ha suministrado la energía mental requerida para la guerra a gran escala, igual que las enormes capacidades productivas del Estado moderno han proporcionado los medios materiales necesarios para librar las guerras totales del último siglo.

Diversas manifestaciones contemporáneas de la globalización han dado lugar a una mayor permeabilidad de las antiguas fronteras territoriales, lo cual ha suavizado también, a lo largo del proceso, duros lindes conceptuales y líneas de demarcación cultural. Haciendo hincapié en estas tendencias, varios analistas pertenecientes al ámbito de los globalizadores han sugerido que el período iniciado a finales de la década de 1960 ha estado marcado por una desterritorialización radical de la política, de la elaboración de normas y de la gobernanza. Tras considerar estos pronunciamientos prematuros en el mejor de los casos, y erróneos en el peor, los escépticos no solo han ratificado la ininterrumpida relevancia del Estado nación como marco político de la vida social moderna, sino que además han señalado la aparición de bloques regionales como prueba de las nuevas formas de territorialización. Algunos de estos críticos han llegado a sugerir que, en realidad, la globalización está acentuando el sentimiento nacional de la gente. Como cada grupo de expertos en estudios globales realiza diferentes evaluaciones del destino del Estado nación moderno, también discrepan con respecto a la relativa importancia de los factores políticos y económicos.

9. Sesión del Consejo de Seguridad de las Naciones Unidas.

De estas disputas han surgido tres preguntas fundamentales que sondean el alcance de la globalización política: ¿es cierto que el poder del Estado nación ha disminuido debido a los enormes flujos de capital, personas y tecnología a través de las fronteras territoriales?; ¿las principales causas de estos flujos están en la política o en la economía?, y ¿estamos siendo testigos del nacimiento de nuevas estructuras de gobernanza globales? Antes de responder a estas preguntas con detalle, veamos brevemente las características más importantes del sistema moderno de los Estados nación.

Sistema moderno de los Estados nación

El origen del sistema moderno de los Estados nación se remonta a los acontecimientos políticos del siglo XVII en Europa. En 1648, la Paz de Westfalia puso fin a un

largo período de guerras religiosas entre las principales potencias europeas tras la Reforma protestante.
Basándose en los principios recién formulados de soberanía y territorialidad, el modelo resultante de Estados impersonales y autónomos ponía en entredicho
el mosaico medieval de entidades pequeñas en las que el
poder político, aun estando subordinado a una autoridad imperial mayor, solía tener un carácter local y
personal. En los siglos posteriores a la Paz de Westfalia tuvieron lugar una mayor centralización del poder
político, la expansión de la administración estatal, el
desarrollo de la diplomacia profesional, y la efectiva
monopolización de los medios de coacción por parte
del Estado. Además, los Estados nación también pro-
curaron los medios militares requeridos para el crecimiento del comercio, lo cual, a su vez, contribuyó a la
difusión de esta forma europea de régimen político
por todo el mundo.

El sistema moderno de los Estados nación alcanzó su expresión más madura al final de la Primera
Guerra Mundial, en los famosos «Catorce Puntos»
del presidente de EE. UU. Woodrow Wilson sobre el
principio de autodeterminación nacional. No obstante, la suposición de Wilson de que todas las formas
de identidad nacional deben tener su manifestación
territorial en un Estado nación soberano resultaba
muy difícil de llevar a la práctica. Además, al consa-
grar el Estado nación como el pináculo ético y legal
de su sistema interestatal, Wilson prestaba sin darse
cuenta cierta legitimidad a las fuerzas etnonacionalis-
tas radicales que estaban empujando a las principales
potencias a la Segunda Guerra Mundial. Otra idea
de Wilson, la de una «Sociedad de las Naciones» que
proporcionaría rango institucional a la cooperación

internacional, acabó haciéndose realidad con la creación de las Naciones Unidas en 1945 (véase ilustración 9). Pese a estar muy enraizadas en un orden político basado en el sistema moderno de los Estados nación, la ONU y otras organizaciones intergubernamentales incipientes también funcionaron como catalizadores de la divulgación gradual de las actividades políticas a través de las fronteras nacionales, de tal modo que se ratificaba y se socavaba simultáneamente el principio de soberanía nacional.

A medida que durante las décadas de 1970 y 1980 se fortalecían las tendencias globalizadoras, iba quedando claro que la sociedad internacional de Estados independientes estaba convirtiéndose rápidamente en una red global de interdependencias políticas que ponían en tela de juicio las formas convencionales de soberanía nacional.

En 1990, al inicio de la Primera Guerra del Golfo, el presidente norteamericano George H. W. Bush anunció el nacimiento de «un nuevo orden mundial» cuyos líderes ya no respetaban la idea de que las acciones transfronterizas indebidas fueran un asunto que solo concerniera a los países afectados. ¿Significaba esto que el sistema moderno de los Estados nación basado en la autonomía y la soberanía nacional había dejado de ser viable?

¿Desaparición del Estado nación?

Los globalizadores contestan a esta pregunta de modo afirmativo. Al mismo tiempo, estos observadores consideran que la globalización política es un mero fenómeno secundario impulsado por fuerzas tecnológicas y económicas más esenciales. Sostienen que la política se ha vuelto casi inoperante debido a una imparable fuerza tecnoeconómica que aplasta todo intento gubernamental de reintroducir medidas y regulaciones restrictivas. Al dotar a la economía de una lógica interna diferenciada de la política, y superior a ella, estos comentaristas anhelan una nueva fase de la historia mundial en la que el principal papel de los gobiernos sea actuar como superconductores del capitalismo global.

Al anunciar el nacimiento de «un mundo sin fronteras», los globalizadores intentan hacer valer su idea de que inevitablemente, debido a la globalización, el territorio delimitado deja de ser un concepto significativo para comprender el cambio político y social. Por consiguiente, sugieren que el poder político se ubica en formaciones sociales globales y se expresa mediante redes globales y no a través de Estados de base territorial. De hecho, alegan que los Estados nación ya han perdido su papel dominante en la economía global. Como las divisiones territoriales son cada vez más irrelevantes, los Estados son menos capaces de determinar la dirección de la vida social dentro de sus fronteras. Por ejemplo, dado que el funcionamiento de los mercados de capitales –verdaderamente globales– reduce la capacidad de los Estados nación para controlar los tipos de cambio o proteger sus divisas, dichos Estados nación han acabado siendo vulnerables a la disciplina impuesta por decisiones económicas tomadas en otros lugares sobre los que no ejercen control alguno.

Los escépticos de la globalización discrepan y resaltan la función esencial de la política en la activación de las fuerzas globalizadoras, sobre todo mediante la movilización eficaz del poder político. A su entender, la rápida expansión de la actividad económica global no se puede reducir a una ley natural del mercado ni al desarrollo de la tecnología informática; más bien tiene su origen en decisiones políticas tomadas por gobiernos nacionales neoliberales en las décadas de 1980 y 1990 para eliminar las restricciones internacionales sobre el capital. En cuanto se aplicaron esas decisiones, entraron también en juego los mercados globales y las nuevas tecnologías. La inequívoca repercusión de este punto de vista es que el territorio nacional todavía importa. Por tanto, los escépticos de la globalización insisten en la ininterrumpida pertinencia de las unidades políticas convencionales, en forma o bien de Estados nación modernos, o bien de ciudades globales vinculadas a unidades nacionales. Los razonamientos tanto de los globalizadores como de los escépticos siguen enredados en una versión especialmente fastidiosa del problema del huevo y la gallina. Después de todo, se ponen en marcha diversas formas de interdependencia gracias a ciertas decisiones políticas, si bien estas decisiones se toman en determinados contextos económicos. Como ya hemos señalado, los aspectos económicos y políticos de la globalización están sumamente interconectados. Por ejemplo, para el capital ha acabado siendo más fácil eludir el pago de impuestos y otras restricciones políticas nacionales. En 2016, los «Papeles de Panamá» –una serie de casi 12 millones de documentos confidenciales filtrados– pusieron de manifiesto que muchos individuos ricos (incluidos funcionarios gubernamentales) se las ingeniaban para no pagar el impuesto sobre la renta ocultando sus activos en sociedades *offshore* panameñas. Además, los mercados globales suelen reducir la capacidad de los gobiernos para establecer objetivos políticos independientes e imponer sus propios criterios nacionales. En consecuencia, cuesta no admitir el declive del Estado nación como entidad soberana y el consiguiente traspaso de poder estatal a gobiernos regionales y locales, así como a diversas instituciones supranacionales.

Globalización política y migración

Por otro lado, el debilitamiento relativo del Estado nación no significa forzosamente que los gobiernos hayan acabado siendo espectadores impotentes del funcionamiento de las fuerzas globales. Los Estados todavía pueden tomar medidas para que sus economías resulten más o menos atractivas a los inversores globales. Además, han seguido conservando el control sobre la educación, las infraestructuras y la política exterior. No obstante, la intensificación de los movimientos demográficos ha cuestionado algunos de los poderes clave de los Estados nación: el control de la inmigración, el registro de población o los protocolos de seguridad. Aunque en 2016 solo el 2% de la población mundial vivía fuera de su lugar de origen, en los países más avanzados el control de la inmigración ha llegado a ser una cuestión primordial. Muchos gobiernos tratan de restringir los flujos poblacionales, en especial los procedentes de países pobres del Sur global. Incluso en los Estados Unidos, las entradas anuales de aproximadamente un millón de inmigrantes legales permanentes durante la década de 2010 suponen una cifra inferior a la correspondiente a las dos primeras décadas del siglo XX.

A fin de ilustrar el creciente problema de los Estados nación para hacer frente a los cada vez más importantes flujos migratorios transfronterizos, veamos un reciente ejemplo que ha demostrado ser especialmente complejo: la crisis de los refugiados sirios, iniciada en marzo de 2011, cuando, en el marco de las amplias revueltas árabes que se extendieron por el norte de África y Oriente Medio, desde Túnez hasta los países del Golfo, en Siria estallaron protestas a favor de la democracia que suponían un desafío para el régimen autoritario del presidente Bashar al-Ásad y su partido Baaz. Al principio, Ásad pareció ceder ante la creciente presión extranjera para que convocara elecciones y respetara los derechos humanos. Sin embargo, tan pronto el presidente ruso Putin le brindó su apoyo, el dictador sirio se embarcó en un duro enfrentamiento con los manifestantes prodemocráticos, a quienes denigraba calificándolos de «fuerzas rebeldes». El país pronto se hundió en una guerra civil sin cuartel en la que, a lo largo de los siguientes cinco años, morirían más de 250.000 personas.

Los implacables combates provocaron una crisis humanitaria de proporciones verdaderamente épicas. En 2016, casi 6 millones de sirios –de una población de 23 millones– eran desplazados internos. Cerca de 5 millones de personas habían abandonado el país en busca tanto de seguridad personal como de oportunidades económicas (véase mapa 4). La mayoría de los refugiados sirios terminaron en campamentos de los países vecinos –Jordania, Líbano y Turquía–, donde recibieron algo de ayuda humanitaria por parte de las autoridades locales, de organizaciones no gubernamentales como Mercy Corps o World Vision, o de instituciones globales como la ONU. Aun así, en la

113

mayor parte de los casos, los flujos masivos de refugiados procedentes de Siria suponían una carga excesiva para los recursos materiales disponibles de las comunidades anfitrionas, y además creaban graves tensiones culturales con las poblaciones autóctonas, pues, a su juicio, esos «forasteros» estaban agotando los recursos económicos del país.

En los últimos años, cientos de miles de refugiados sirios han intentado hacer el peligroso viaje a través del Mediterráneo desde Turquía hasta Grecia, esperando encontrar un futuro mejor en los países prósperos de la UE. Alemania parecía ser su lugar preferido. No obstante, para alcanzar su destino los migrantes sirios debían emprender un largo periplo desde Grecia que los llevaría a cruzar Macedonia, Serbia o Croacia, Hungría o Eslovenia, y Austria hasta llegar a Baviera con el deseo de una rápida aceptación de su solicitud de residencia. Aunque algunos países europeos, como Hungría, recurrieron a políticas más bien inhumanas y medidas drásticas para impedir a los refugiados entrar en su territorio, las vallas fronterizas levantadas a toda prisa que se extendían a lo largo de muchísimos kilómetros resultaron ineficaces para frenar estos imponentes movimientos demográficos.

De hecho, la crisis de los refugiados sirios puso de manifiesto la insuficiencia de los actuales planes institucionales de la UE sobre la inmigración, basados en preferencias nacionales. El denominado «Acuerdo de Schengen», que suponía una política de fronteras abiertas para los principales países de la UE, carecía de la solidez y la amplitud necesarias para afrontar esa crisis. Como las diferencias políticas entre diversos gobiernos nacionales se hacían cada vez más acusadas, algunos países miembros abandonaron temporalmente

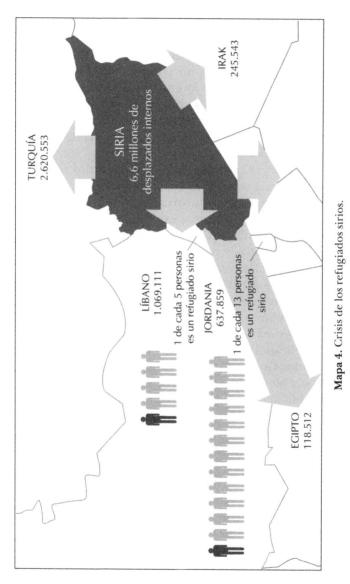

Mapa 4. Crisis de los refugiados sirios.

el acuerdo y reinstauraron controles fronterizos sistemáticos; otros establecieron límites arbitrarios en el número de refugiados que estaban dispuestos a aceptar, y se negaron a contemplar un enfoque más coordinado. Incapaz de lidiar con la enorme afluencia de inmigrantes, la UE se enfrentó a una apurada situación que ponía de manifiesto las profundas divisiones políticas entre los países miembros en materia de estrategias migratorias.

Además, la crisis de los refugiados sirios también visibilizó una serie de fisuras y prejuicios culturales. Por ejemplo, varios ministros de gobiernos de países miembros, como Polonia, Eslovaquia o Hungría, manifestaron públicamente su oposición a la «islamización de Europa» y declararon su preferencia por los refugiados cristianos. Por otro lado, en países como Alemania y Austria se produjo una polarización de la opinión pública, con cifras más o menos parejas de ciudadanos a favor y en contra de medidas migratorias más tolerantes. A pesar de estas divisiones tan delicadas desde el punto de vista político, el conservador Gobierno alemán presidido por la canciller Angela Merkel mostró una compasión y una valentía formidables al acoger a más de un millón de refugiados solo en 2015, la mitad de los cuales procedían de Siria. Viéndolo en perspectiva, esto nos indica que la cifra de refugiados sirios aceptados por Alemania en 2015 es superior al número total de refugiados políticos en la UE. Teniendo en cuenta que en el Sur global las crisis políticas y sociales van en aumento, es probable que la crisis migratoria en Europa –así como en bastantes otras partes del mundo– prosiga durante muchos años, incluso décadas (véase ilustración 10).

10. Protesta de refugiados sirios en un campamento provisional del norte de Grecia, marzo de 2016.

Por último, la intensificación de la dinámica migratoria global junto con las actividades de las redes terroristas globales –como los atentados de París en 2015 o de Bruselas en 2016 realizados por células locales vinculadas a ISIS– han revelado la insuficiencia de las rutinas y los protocolos de seguridad nacionales convencionales basados en el sistema actual de Estados nación. La globalización de los entramados terroristas y criminales ha obligado a los gobiernos a participar en nuevas formas de cooperación internacional. Por tanto, observamos un efecto aparentemente paradójico de la globalización política: los Estados todavía importan, pero al mismo tiempo se ven cada vez más empujados a dinámicas transnacionales que debilitan sus viejas reivindicaciones de soberanía nacional y de no injerencia.

Así pues, en resumidas cuentas, debemos rechazar declaraciones prematuras sobre la inminente desaparición del Estado nación, a la vez que reconocemos sus crecientes dificultades para llevar a cabo algunas de sus funciones tradicionales. La globalización contemporánea ha menoscabado algunos límites convencionales entre política interior y exterior al tiempo que ha promovido el crecimiento de espacios e instituciones sociales supraterritoriales que, a su vez, alteran los planes políticos domésticos y las tradiciones culturales. A medida que vaya avanzando el siglo XXI, en todo el mundo la gente será cada vez más consciente del hecho de vivir en una época de transición que va desde el sistema moderno de Estados nación a formas posmodernas de gobernanza global.

Globalización política y gobernanza global

Quizá la globalización política sea más perceptible en la aparición de instituciones y asociaciones supraterritoriales unidas por normas e intereses comunes (véase figura G). En esta primera etapa de la gobernanza global, las citadas estructuras se asemejan a una red ecléctica de centros de poder interrelacionados, como autoridades municipales y provinciales, bloques regionales, organizaciones internacionales o entidades nacionales e internacionales del sector privado.

En los niveles municipal y provincial, se ha producido un notable aumento del número de iniciativas políticas y conexiones transfronterizas entre diversas autoridades subestatales. Por ejemplo, hay provincias chinas y estados federales de los EE. UU. que han establecido objetivos y puntos de contacto

G. El Estado nación en un mundo en vías de globalización.
Fuente: Jan Aart Scholte, «The globalization of world politics», en
John Baylis y Steve Smith (eds.), *The Globalization of World Politics*,
3.ª ed. (Oxford University Press, 2002), p. 22. Con permiso de
Oxford University Press

permanentes, algunos de los cuales funcionan de forma relativamente autónoma, con poca supervisión de sus respectivos gobiernos nacionales. Varios estados federales y provincias de Canadá, India y Brasil están creando sus propias agendas comerciales y estrategias financieras para conseguir préstamos. Un ejemplo de cooperación internacional a escala municipal es el nacimiento de poderosas redes de ciudades, como la Asociación Mundial de Grandes Metrópolis, cuya finalidad es poner en marcha proyectos cooperativos para afrontar problemas locales comunes que transcienden las fronteras nacionales. A veces, ciertas «ciudades globales» como Hong Kong, Londres, Nueva York, Shanghái, Singapur, Sídney o Tokio están más estrechamente conectadas entre sí que con sus respectivos gobiernos nacionales.

En el plano regional, se han multiplicado los acuerdos y las organizaciones multilaterales. En todo el mundo han surgido clubes y organismos regionales como la APEC o la ASEAN, lo cual ha inducido a algunos observadores a conjeturar que a la larga sustituirán a los Estados nación como unidad básica de gobernanza. Tras iniciar su andadura como intentos de integración de economías regionales, en algunos casos estos bloques se han convertido ya en vagas federaciones políticas con instituciones de gobernanza comunes. Por ejemplo, la Comunidad Europea empezó en 1950 con el modesto plan del ministro francés de Asuntos Exteriores, Robert Schuman, de crear una institución supranacional encargada de regular la producción francesa y alemana de carbón y acero. Medio siglo después, quince países miembros constituían una comunidad unida dotada de instituciones políticas que elaboraban estrategias comunes y diseñaban planes de seguridad vinculantes. En la primera década del siglo XXI, algunos de los antiguos países comunistas del este de Europa se incorporaron a la UE, que ahora se extendía hasta Letonia y Rumanía (véase mapa 5). No obstante, tal como se indica en el capítulo 8, esta dinámica expansionista no es ni mucho menos inexorable. El referéndum del «Brexit» en el Reino Unido, celebrado en 2016, ilustra claramente que la globalización –e incluso la regionalización– puede dar marcha atrás.

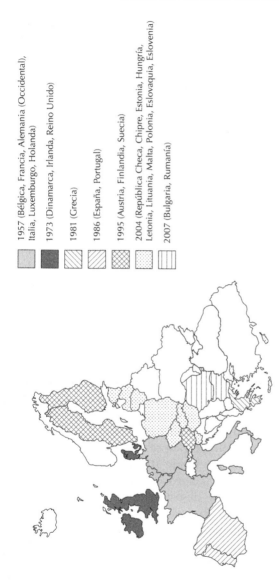

1957 (Bélgica, Francia, Alemania (Occidental), Italia, Luxemburgo, Holanda)

1973 (Dinamarca, Irlanda, Reino Unido)

1981 (Grecia)

1986 (España, Portugal)

1995 (Austria, Finlandia, Suecia)

2004 (República Checa, Chipre, Estonia, Hungría, Letonia, Lituania, Malta, Polonia, Eslovaquia, Eslovenia)

2007 (Bulgaria, Rumanía)

Mapa 5. La Unión Europea.

A nivel global, los gobiernos han creado diversas organizaciones internacionales, entre ellas la ONU, la OTAN, la OMC o la OCDE, de las que pueden ser miembros de pleno derecho solo los Estados, y en las cuales la autoridad para tomar decisiones reside en representantes de gobiernos nacionales. La proliferación de estos organismos transnacionales ha puesto de manifiesto que para los Estados nación es cada vez más difícil gestionar redes expansivas de interdependencia social.

Por último, la emergente estructura de la gobernanza global ha sido modelada por «la sociedad civil global», un ámbito social poblado por miles de asociaciones voluntarias, no gubernamentales, de alcance mundial. Oenegés internacionales como Médicos sin Fronteras o Greenpeace representan a millones de ciudadanos corrientes dispuestos a poner en entredicho decisiones políticas y económicas tomadas por Estados nación y organizaciones intergubernamentales. Un ejemplo concreto de la creciente importancia de las oenegés en la gestión de la interconectividad global cada vez mayor fue el papel de Médicos sin Fronteras (MSF) durante el trágico brote de la enfermedad por el virus del Ébola, que tuvo lugar en África Occidental desde diciembre de 2013 hasta principios de 2016. Compuesta principalmente por médicos y personal sanitario de todas partes que ofrecen sus servicios en cualquier lugar del planeta, la asociación MSF proporciona asistencia a poblaciones en peligro, como las víctimas de conflictos armados o de desastres tanto naturales como de origen humano. Esta oenegé muestra neutralidad e imparcialidad en virtud de su código ético médico, y también mantiene una absoluta independencia con respecto a los poderes políticos, económicos y religiosos. Cuando a finales de 2013 la epidemia de Ébola –una de las enfermedades más mortales, capaz de matar hasta al 90 % de los afectados– empezó a causar estragos en países del oeste de África como Guinea, Sierra Leona y Liberia, MSF reaccionó sobre el terreno a las primeras de cambio, mucho antes que la mayoría de las iniciativas de ayuda organizadas por la ONU o Estados nación individuales.

En su apogeo, MSF llegó a emplear en África occidental a casi 4.000 personas autóctonas y a 325 expatriados para combatir una enfermedad que amenazaba con convertirse en una pandemia global, sobre todo tras conocerse casos aislados de transmisión del virus en Norteamérica y Europa (véase ilustración 11). Cuando en enero de 2016 la OMS declaró oficialmente el final de la epidemia de Ébola, MSF había atendido a

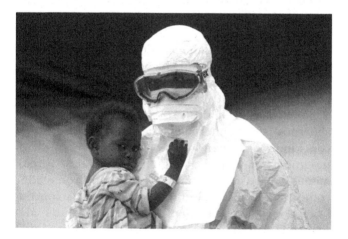

11. Trabajador sanitario de MSF en Liberia, sosteniendo a un niño del que se sospecha que padece Ébola, octubre de 2014.

más de 10.000 pacientes en sus numerosos centros de asistencia en la región. Dada la falta de voluntad política de las administraciones nacionales y locales para desplegar ayuda a las comunidades afectadas en el oeste de África, las actividades de oenegés como MSF resultaron decisivas para evitar lo que muy bien habría podido llegar a ser una catástrofe sin precedentes de proporciones globales. Es indiscutible que se deben adoptar medidas internacionales coordinadas a fin de que el mundo esté mejor preparado para afrontar un brote futuro; por su lado, las oenegés internacionales desempeñarán un papel importante tanto en el diseño como en la coordinación de estos esfuerzos.

Debido a las duras lecciones aprendidas en la lucha contra pandemias y otros problemas de alcance mundial, algunos expertos en estudios globales creen que la globalización política podría facilitar la consolidación de fuerzas transnacionales afianzadas en esta pujante esfera de la sociedad civil global. Previendo que, a la larga, los derechos democráticos acabarán desvinculados de su estrecha relación con unidades territoriales concretas, esas voces optimistas prevén la creación de una estructura democrática de gobernanza global basada en ideales cosmopolitas occidentales, acuerdos legales internacionales y un entramado de conexiones en expansión entre diversas organizaciones gubernamentales y no gubernamentales. Si realmente llegara a surgir un escenario tan prometedor como este, el resultado final de la globalización política podría ser muy bien la aparición de una «democracia cosmopolita» como base de una pluralidad de identidades que prosperan en el seno de una estructura de rendición de cuentas y tolerancia mutuas (véase figura H).

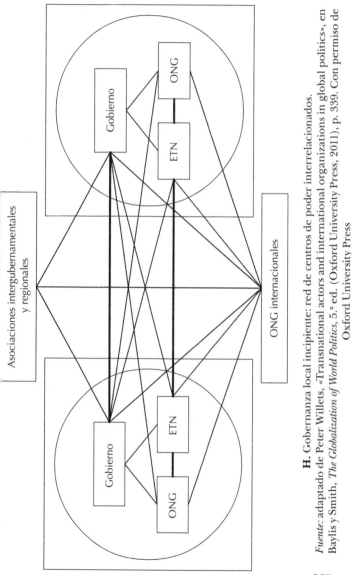

H. Gobernanza local incipiente: red de centros de poder interrelacionados.

Fuente: adaptado de Peter Willets, «Transnational actors and international organizations in global politics», en Baylis y Smith, *The Globalization of World Politics*, 5.ª ed. (Oxford University Press, 2011), p. 339. Con permiso de Oxford University Press

Según David Held, uno de los principales defensores intelectuales de esta idea, una democracia cosmopolita futura tendría las siguientes características:

1. Un parlamento global conectado con regiones, estados y localidades.
2. Una nueva carta de derechos y obligaciones incluida en diferentes esferas del poder político, social y económico.
3. La separación formal de los intereses económicos y políticos.
4. Un sistema legal global interconectado con mecanismos de aplicación desde lo local hasta lo global.

Varios críticos menos optimistas han cuestionado la idea de Held de que la globalización esté avanzando hacia una democracia cosmopolita. Casi todas las críticas se reducen a la acusación de que esta visión benévola se deja llevar por un idealismo abstracto que no capta las tensiones políticas actuales a escala nacional en las medidas y decisiones públicas, como se aprecia en las contrapuestas perspectivas sobre la inmigración dentro de la UE. Los escépticos de la gobernanza global también han manifestado su sospecha de que los defensores de la democracia cosmopolita no tienen en cuenta con suficiente detalle su viabilidad cultural. En otras palabras, la intensificación mundial de las interacciones culturales, económicas y políticas hace que la posibilidad de resistencia y de oposición sea tan real como la idea benigna del acomodo mutuo y la tolerancia con respecto a las diferencias. Para continuar con esta dimensión cultural de la globalización, pasemos al capítulo 5.

5
La dimensión cultural de la globalización

Como ha revelado nuestra exposición inicial sobre la Copa del Mundo de fútbol de 2014, una «muy breve» introducción a la globalización es lamentablemente insuficiente si carece de un análisis de su dimensión cultural. La globalización cultural hace referencia a la intensificación y expansión de flujos culturales por todo el planeta. Evidentemente, «cultura» es un concepto muy amplio, que suele utilizarse para describir la totalidad de la experiencia humana. A fin de evitar el consiguiente problema de la generalización excesiva, conviene hacer distinciones analíticas entre diversos aspectos de la vida social. Por ejemplo, asociamos el adjetivo *económico* a la producción, el intercambio y el consumo de bienes y mercancías. Si hablamos de «lo político», nos referimos a prácticas relacionadas con la generación y la distribución del poder en la sociedad. Si el tema de discusión es «lo cultural», nos ocupamos de la construcción simbólica, la articulación y la difusión de significados. Dado que el lenguaje, la música y las imágenes constituyen la principal forma de expresión simbólica, en la esfera de la cultura adquieren una importancia especial.

El enorme crecimiento de la red de interconexiones e interdependencias culturales durante las últimas décadas ha llevado a algunos expertos a sugerir que las prácticas culturales radican en el núcleo mismo de la globalización contemporánea. Sin embargo, la globalización cultural no empezó con la propagación mundial del *rock and roll*, la Coca-Cola o el fútbol. Como señalamos en el capítulo 2, las relaciones expansivas entre civilizaciones son mucho más antiguas que la modernidad. Con todo, en el siglo XXI el volumen y el alcance de las transmisiones culturales han superado con diferencia los de las épocas antiguas. Gracias a internet y a los abundantes dispositivos digitales móviles, los sistemas simbólicos de significado dominantes de nuestra época –como el individualismo, el consumismo y algunos discursos religiosos– circulan más libre y ampliamente que nunca. Como las imágenes y las ideas se pueden transmitir con mayor facilidad y rapidez de un lugar a otro, tienen un profundo impacto en el modo en que las personas experimentan su vida cotidiana. En la actualidad, las prácticas culturales han escapado de la cárcel de espacios fijos como la ciudad o la nación, y en última instancia, al interaccionar con cuestiones globales fundamentales, han ido adquiriendo significados nuevos.

El paisaje temático recorrido por los especialistas de la globalización cultural es inmenso, y las preguntas que estos plantean son demasiado numerosas para ser atendidas en esta breve introducción. En vez de ofrecer una larga lista de asuntos pertinentes, este capítulo se centrará en tres cuestiones importantes: la tensión entre uniformidad y diferencia en la cultura global emergente; el papel decisivo de las empresas mediáticas transnacionales en la difusión de la cultura popular, y la globalización de las lenguas.

Cultura global: ¿uniformidad o diferencia?

¿La globalización hace que la gente de todo el mundo sea más parecida o más diferente? Esta es la pregunta formulada con más frecuencia en las discusiones sobre el tema de la globalización cultural. Diversos analistas que podríamos llamar «globalizadores pesimistas» argumentan en favor de lo primero. Sugieren que no estamos avanzando hacia un arcoíris cultural que refleje la diversidad de las poblaciones existentes en el planeta, sino que más bien estamos asistiendo al crecimiento de una cada vez más homogeneizada cultura popular avalada por una «industria cultural» con sede en Nueva York, Hollywood, Londres, París o Milán. Como prueba de su interpretación, estos críticos hacen referencia a indios del Amazonas que calzan zapatillas Nike, a habitantes de países subsaharianos que compran gorras de béisbol de los Yankees o a jóvenes palestinos que lucen orgullosos por el centro de Ramala sus camisetas de baloncesto sin mangas de los Golden State Warriors. Al llamar «americanización del mundo» a la propagación de valores y bienes de consumo angloamericanos, los defensores de esta tesis de la homogeneización cultural sostienen que los estilos de vida y normas occidentales están arrollando a culturas más vulnerables. Aunque en algunos países se ha intentado oponer resistencia a estas fuerzas de imperialismo cultural –por ejemplo, la prohibición de antenas parabólicas en Irán, o la imposición francesa de aranceles y cuotas a las películas y los programas de televisión importados–, la divulgación de la cultura popular norteamericana parece imparable.

No obstante, estas manifestaciones de uniformidad son también visibles dentro de los países dominantes

129

del Norte global. El sociólogo estadounidense George Ritzer acuñó el término *macdonaldización* para describir los procesos socioculturales de gran alcance en virtud de los cuales los principios del conocido restaurante de comida rápida están dominando cada vez más sectores no solo de la sociedad norteamericana, sino también del resto del mundo. A primera vista, estos principios parecen ser racionales en lo relativo a sus intentos de ofrecer maneras previsibles y eficientes de atender a las necesidades de la gente. Sin embargo, tras la fachada de los repetitivos anuncios televisivos donde se dice que «nos encanta verte sonreír», identificamos algunos problemas importantes. Para empezar, el valor nutritivo generalmente bajo de la comida rápida –sobre todo su alto contenido en grasas– tiene que ver con el incremento de ciertos problemas graves de salud, como las enfermedades cardíacas, la diabetes, el cáncer o la obesidad infantil. Además, el funcionamiento rutinario e impersonal de los establecimientos «racionales» de servicio rápido debilita realmente la expresión de distintas formas de diversidad cultural. A largo plazo, la macdonaldización del mundo equivale a la imposición de estándares uniformes que eclipsan la creatividad humana y deshumanizan las relaciones sociales (véase figura I).

El teórico político norteamericano Benjamin Barber, analista ponderado perteneciente a este grupo de globalizadores pesimistas, en su popular libro *Consumed* (2007) previene a los lectores contra un «ethos de infantilización» que, como sostén del capitalismo global, convierte a los adultos en niños mediante bienes de consumo y anuncios de bajo nivel intelectual al tiempo que trata a los más pequeños como consumidores. Este comportamiento se basa en la aceptación de que no existe un mercado inagotable para los bienes de consumo como se creía en otro tiempo. La desigualdad global contribuye a entorpecer el crecimiento de los mercados y del capitalismo. Para expandir los mercados y obtener beneficios, los capitalistas globales están creando productos globales homogéneos dirigidos a los jóvenes y a los ricos de todo el mundo a la vez que transforman a los niños en consumidores. Por tanto, movido por su afán de lucro, el consumismo global acaba siendo cada vez menos ético y más perverso.

Los globalizadores optimistas coinciden con sus colegas pesimistas en que la globalización cultural genera más uniformidad, pero entienden que este efecto es algo bueno. Por ejemplo, el teórico social norteamericano Francis Fukuyama acepta de forma expresa y de buen grado la propagación global de los valores y estilos de vida angloamericanos, equiparando la americanización del mundo con la expansión de la democracia y el libre mercado (véase ilustración 12). Sin embargo, los globalizadores optimistas no adoptan solo la forma de nacionalistas norteamericanos que aplican la vieja doctrina del destino manifiesto al escenario global: algunos representantes de este bando se consideran cosmopolitas acérrimos que elogian internet y los últimos artilugios digitales en tanto que precursores de una «tecnocultura» homogeneizada, mientras que otros son entusiastas del libre mercado que adoptan los valores del capitalismo de consumo global.

Una cosa es reconocer la existencia de potentes tendencias homogeneizadoras en el mundo, y otra muy diferente afirmar que la diversidad cultural existente en el planeta está condenada a desaparecer. De hecho, varios articulistas influyentes llevan a cabo

131

Tiempo promedio que los norteamericanos pasan al día viendo la televisión (2017)	282 minutos
Tiempo promedio que los norteamericanos dedican al día a socializarse y a comunicarse en persona (2014)	46 minutos
Anuncios publicitarios que aparecen cada hora en televisión en horario de máxima audiencia (2013)	14 minutos y 15 segundos
Número de anuncios, logotipos y marcas vistas a diario por el norteamericano corriente	16.000
Dinero gastado cada año en publicidad por los anunciantes televisivos (2013)	78.000 millones de dólares
Porcentaje de norteamericanos adultos que son obesos (2013)	34,9%
Porcentaje del consumo diario de «verduras» del norteamericano medio que corresponde a patatas fritas	25%
Consumo promedio anual de carne en los EE. UU. (comparado con la India)	100 kg (5 kg)
Número promedio de vacas para una sola prensa de hamburguesas de comida rápida	55-1.082
Número promedio de hamburguesas consumidas a la semana en los EE. UU. (2012)	3
Dióxido de carbono generado en la producción de una hamburguesa	3,6-6,1 kg CO_2
Dióxido de carbono generado anualmente en Norteamérica por el consumo de hamburguesas (más que la emisión nacional de CO_2 de Hungría)	65.250.000 toneladas métricas de CO_2
Otros países que aportan ingredientes a la comida norteamericana promedio	5

Número de coches matriculados en los EE. UU. (2013)	256 millones
Cantidad de basura producida por los norteamericanos (2013)	254 millones de toneladas
Masa total de seres humanos vivos en la Tierra (2012)	287 millones de toneladas
Porcentaje de norteamericanos que creen que Dios creó a los seres humanos en su forma actual hace menos de 10.000 años (2012)	46 %

I. El estilo de vida americano.

Fuentes: Leopold Center for Sustainable Agriculture, 2003. «Checking the food odometer: Comparing food miles for local versus conventional produce sales to Iowa institutions»: http://www.leopold.iastate.edu/sites/default/files/pubs-and-papers/2003-07-checking-food-odometer-comparing-food-miles-local-versus-conventional-produce-sales-iowa-institution.pdf; Centre for Disease Control and Prevention: http://www.cdc.gov/obesity/data/adult.html; Statista: http://statista.com/statistics/271380/average-tv-viewing-time-in-north-america/; Bureau of Labor Statistics, 2012: http://www.bls.gov/news.release/atus.nr0.htm; Dharma Singh Khalsa, *Brain Longevity*, Grand Central Publishing, p. 29; Norman Herr, *The Sourcebook for Teaching Science*, 2012: http://www.csun.edu/science/health/docs/tv&health.html; Statista: http://www.statista.com/statistics/183505/number-of-vehicles-in-the-united-states-since-1990/; Statista: http://www.statista.com/statistics/189527/daily-time-spent-on-socializing-and-communicating-in-the-us-since-2009/; Gallup Poll, Evolution, Creationism, Intelligent Design, 2012: http://www.gallup.com/poll/21814/evolution-creationism-intelligent-design-aspx; TV Week: http://www.tvweek.com/tvbizwire/2014/05/how-many-minutes-of-commercial/; Environmental Protection Agency: https://www.epa.gov/smm/advancing-sustainable-materials-management-facts-and-figures; Michael Marshall, Humanity weighs in at 287 millons tonnes», 2012: http://www.newscientist.com/article/dn21945-humanity-weighs-in-at-287-million-tonnes.html

una evaluación distinta que conecta la globalización con nuevas formas de expresión cultural. El sociólogo Roland Robertson, por ejemplo, sostiene que los flujos culturales globales infunden nuevo vigor a los nichos culturales locales.

Por tanto, en vez de acabar totalmente eliminadas por las fuerzas consumistas occidentales uniformizadoras, las particularidades y las diferencias locales todavía desempeñan un papel decisivo en la creación de constelaciones culturales únicas. Alegando que la globalización cultural siempre tiene lugar en contextos locales, Robertson rechaza la tesis de la homogeneización cultural y, en cambio, habla de «glocalización»: la compleja dinámica globalizadora que supone la interacción de lo global y lo local. Las resultantes expresiones de hibridación cultural no pueden reducirse a manifestaciones nítidas de uniformidad o diferencia. Como señalamos en nuestra exposición sobre Lionel Messi y J. Lo en el capítulo 1, donde han llegado a ser más visibles estos procesos de hibridación es en la moda, la música, la danza, el cine, la comida, el deporte y el lenguaje.

En todo caso, los argumentos respectivos de los globalizadores y de los escépticos no son necesariamente incompatibles. La experiencia contemporánea de vivir y actuar cruzando fronteras culturales supone tanto la pérdida de significados tradicionales como la creación de expresiones simbólicas nuevas. Diversos sentimientos de pertenencia reconstruidos coexisten, de manera tensa e incómoda, con cierta sensación de desubicación. De hecho, para algunos estudiosos, la modernidad está dando paso poco a poco a un nuevo marco «posmoderno» caracterizado por una idea menos estable de identidad, lugar y conocimiento.

12. Yihad *vs.* McWorld: venta de comida rápida en Indonesia.

Dada la complejidad de los flujos culturales globales, en realidad cabría esperar efectos desiguales y contradictorios. En determinados contextos, estos flujos acaso transformen manifestaciones tradicionales de identidad nacional en una cultura popular caracterizada por la uniformidad; en otros, quizá fomenten expresiones nuevas de particularismo; y aun en otros, puede que estimulen determinadas formas de hibridación cultural. Estos analistas que denuncian sumariamente los efectos homogeneizadores de la americanización deberían tener presente que casi ninguna sociedad del mundo actual posee una «cultura» autónoma y autosuficiente. Quienes se desesperan ante el florecimiento de la hibridación cultural tendrían que escuchar las emocionantes canciones pop de Bollywood, admirar la complejidad de las diversas variaciones del léxico hawaiano o disfrutar de los placeres culinarios de la cocina chino-cubana. Por

135

último, los que aplauden la difusión del capitalismo consumista harían bien en prestar atención a sus consecuencias negativas, como el enorme retroceso de las actitudes comunitarias tradicionales o la mercantilización de la sociedad y la naturaleza.

El papel de los medios de comunicación

Los flujos culturales globales de la época actual están generados y dirigidos, en buena medida, por imperios mediáticos globales que cuentan con poderosas tecnologías para difundir su mensaje. Al saturar la realidad cultural global de espectáculos televisivos convencionales y estereotipados y de anuncios mecánicos y absurdos, estas empresas moldean cada vez más las identidades de las personas y la estructura de los deseos en todo el mundo. El crecimiento del imaginario global está indisolublemente unido al crecimiento de los medios globales. Durante las dos últimas décadas, un reducido grupo de empresas transnacionales muy grandes ha llegado a dominar el mercado mundial del entretenimiento, las noticias, el cine y la televisión. En 2014, los ocho conglomerados mediáticos mayores –Comcast, Google, Disney, News Corporation, DirecTV, Viacom, Time Warner y SONY– acaparaban más de dos tercios de los 1,5 billones de dólares de ingresos mundiales anuales que genera la industria global de las telecomunicaciones.

Hace tan solo 15 años, muchas de las corporaciones gigantes que dominan lo que Benjamin Barber ha denominado atinadamente «telesector del infoentretenimiento» no existían en su forma actual como empresas mediáticas. En la actualidad, la mayoría de los analistas de medios admiten que la aparición de un mercado global de medios comerciales equivale a la creación de un oligopolio global similar a los del petróleo o la industria automovilística de la primera parte del siglo xx. Los innovadores culturales cruciales de décadas anteriores –entidades pequeñas e independientes como sellos discográficos, emisoras de radio, salas de cine, periódicos o editoriales– prácticamente han desaparecido al verse incapaces de competir con los gigantes mediáticos.

Los valores comerciales divulgados por las empresas mediáticas transnacionales no solo garantizan la indiscutible hegemonía cultural de la cultura popular, sino que también dan lugar a la despolitización de la realidad social y al debilitamiento de los lazos cívicos. Uno de los acontecimientos más deslumbrantes de las dos últimas décadas ha sido la transformación de los noticiarios y los programas educativos en espectáculos de entretenimiento superficiales, muchos de los cuales se promocionan irónicamente como *reality shows*, o telerrealidad. Dado que las noticias no son ni la mitad de rentables que el entretenimiento, las empresas mediáticas se ven cada vez más tentadas a aumentar sus beneficios pasando por alto la tan ponderada separación entre prácticas de la sala de redacción y decisiones empresariales. Las asociaciones y alianzas entre empresas de noticias y del entretenimiento están convirtiéndose rápidamente en la norma, por lo que cada vez es más habitual que los ejecutivos de la edición presionen a los periodistas para que colaboren con las operaciones comerciales de su periódico. En consecuencia, el ataque permanente contra la autonomía profesional del periodismo también forma parte de la globalización cultural.

La globalización de las lenguas

Un método directo para medir y evaluar los cambios culturales ocasionados por la globalización consiste en estudiar los cambiantes patrones globales del uso del lenguaje. La globalización de las lenguas puede entenderse como un proceso en virtud del cual algunos idiomas se utilizan cada vez más en la comunicación internacional mientras otros pierden importancia o incluso desaparecen por falta de hablantes. Varios expertos del Centro de Investigaciones sobre la Globalización de la University of Hawai'i han identificado cinco variables clave que influyen en la globalización de las lenguas:

1. *Número de lenguas:* el decreciente número de lenguas en distintas partes del mundo apunta a la consolidación de las fuerzas culturales homogeneizadoras.

2. *Movimientos de personas:* cuando migran y viajan, las personas llevan la lengua consigo. Los patrones migratorios afectan a la difusión de los idiomas.

3. *Aprendizaje de lenguas extranjeras y turismo:* el aprendizaje de idiomas extranjeros y el turismo facilitan la propagación de las lenguas más allá de las fronteras culturales o nacionales.

4. *Lenguas de internet:* internet ha llegado a ser un medio global para la comunicación instantánea y el acceso rápido a la información. El uso de las lenguas en internet es un factor clave en el análisis de la variedad y el predominio lingüístico en la comunicación internacional.

5. *Publicaciones científicas internacionales:* las publicaciones científicas internacionales contienen los

idiomas del discurso intelectual global, por lo que impactan de forma decisiva en las comunidades intelectuales implicadas en la producción, reproducción y circulación de conocimiento por todo el mundo.

Teniendo en cuenta estas complejas interacciones, las investigaciones en este ámbito suelen originar conclusiones contradictorias. Incapaces de llegar a un acuerdo general, los expertos en la disciplina han ideado diversas hipótesis. Un modelo plantea una correlación clara entre la creciente importancia de algunas lenguas –en especial el inglés, el chino y el español– y el menguante número de idiomas en el mundo. Según otro modelo, la globalización del lenguaje no significa forzosamente que nuestros descendientes estén destinados a utilizar solo algunos idiomas. Y aun otra tesis hace hincapié en la capacidad de la industria cultural angloamericana para convertir el inglés –o lo que algunos comentaristas denominan «globish»– en la lengua franca global del siglo XXI.

La creciente importancia de la lengua inglesa tiene, sin duda, una larga historia que se remonta al nacimiento del colonialismo británico, a finales del siglo XVI. En aquella época, tan solo usaban el inglés como idioma materno unos 7 millones de personas. En la década de 1990, esta cifra aumentó hasta superar los 350 millones de hablantes nativos, habiendo otros 400 millones con el inglés como segunda lengua. Actualmente, más del 80 % de los contenidos publicados en internet están en inglés, y casi la mitad de la creciente población mundial de estudiantes extranjeros está matriculada en instituciones de países angloamericanos.

Continentes	Principios del siglo XVI	Principios del siglo XVII	Principios del siglo XVIII	Principios del siglo XIX	Principios del siglo XX	Finales del siglo XX
Américas	2.175	2.025	1.800	1.500	1.125	1.005
África	4.350	4.050	3.600	3.000	2.250	2.011
Europa	435	405	360	300	225	201
Asia	4.785	4.455	3.960	3.300	2.475	2.212
Pacífico	2.755	2.565	2.280	1.900	1.425	1.274
Mundo	14.500	13.500	12.000	10.000	7.500	6.703

J. El menguante número de lenguas en el mundo, 1500-2000.
Fuente: Centro de Investigaciones sobre la Globalización de la University of Hawai'i-Manoa.

Al mismo tiempo, no obstante, el número de idiomas hablados en el mundo ha descendido desde unos 14.500 en 1500 hasta unos 6.400 en 2016 (véase figura J). Dado el actual ritmo de disminución, algunos lingüistas pronostican que, a finales del siglo XXI, habrán desaparecido entre el 50 y el 90 % de los idiomas existentes. En cualquier caso, las lenguas del mundo no son las únicas entidades en peligro de extinción. La difusión de valores consumistas y de estilos de vida materialistas también hace peligrar la salud ecológica del planeta.

6

La dimensión ecológica de la globalización

Aunque hemos analizado los aspectos económicos, políticos y culturales de la globalización por separado, es importante recordar que cada una de estas dimensiones tiene efectos y consecuencias en las otras esferas. Donde más claro se evidencia esto es en la vertiente ecológica de la globalización. En los últimos años, ciertas cuestiones medioambientales universales, como el cambio climático o la contaminación transfronteriza, han despertado un gran interés en los institutos de investigación y los medios de comunicación entre los políticos, los economistas y el público en general. Hoy en día, se admite que los efectos ecológicos de la globalización son potencialmente fatales para la vida del planeta. El impacto mundial de los desastres naturales o de origen humano –como los horripilantes accidentes nucleares de Chernóbil, Ucrania (1986), o de Fukushima, Japón (2011)– pone claramente de manifiesto que los tremendos problemas ecológicos de nuestra época solo se pueden abordar mediante una alianza global de países y actores de la sociedad civil.

En el siglo XXI, ha llegado a ser prácticamente imposible pasar por alto el hecho de que las personas de todos los rincones del planeta están indisolublemente unidas entre sí mediante el aire que respiran, el clima del que dependen, los alimentos que ingieren o el agua que beben. A pesar de esta palpable lección de interdependencia, los ecosistemas de nuestro planeta se ven sometidos a una continua agresión humana justificada por el empeño de mantener estilos de vida derrochadores. De hecho, los valores culturales influyen muchísimo en el modo en que la gente contempla su entorno natural. Por ejemplo, diversas culturas imbuidas de taoísmo, budismo o animismo tienden a subrayar la interdependencia de todos los seres vivos, perspectiva que requiere un sutil equilibrio entre las aspiraciones humanas y las necesidades ecológicas. Por otra parte, el humanismo judeocristiano defiende valores sumamente dualistas que conceden a los seres humanos el control de la naturaleza. Así pues, en la modernidad occidental, el medio ambiente ha acabado considerándose un recurso que cabe utilizar como instrumento para satisfacer necesidades y deseos humanos. La manifestación más extrema de este paradigma antropocéntrico aparece reflejada en los principios y las creencias dominantes del consumismo. La industria cultural capitalista pretende convencer a su audiencia global de que el significado y el principal atractivo de la vida se encuentran en la acumulación ilimitada de bienes materiales. Por supuesto, algunos de los problemas ecológicos más importantes que afronta el mundo hoy en día ya afectaban a las civilizaciones antiguas; sin embargo, hasta la Revolución Industrial, la degradación medioambiental era algo relativamente circunscrito a determinadas zonas, que había ido gestándose poco a poco a lo largo de los siglos.

En cualquier caso, la escala, la velocidad y la intensidad del deterioro medioambiental de las últimas décadas no tienen precedentes. Veamos brevemente algunas de las manifestaciones más peligrosas de la globalización en cuanto a la degradación del medio ambiente.

Dos cuestiones importantes tienen que ver con el crecimiento demográfico descontrolado y los patrones de consumo derrochador en el Norte global. Desde que las economías agropecuarias iniciaran su andadura hace unas 480 generaciones, la población mundial se ha multiplicado por miles hasta alcanzar casi los 7.500 millones de personas en 2017; la mitad de este aumento se ha producido en los últimos 30 años. Con la posible excepción de algunas especies de roedores, los seres humanos son ahora los mamíferos más numerosos de la Tierra. El enorme incremento en la demanda de alimentos, madera y fibra ha ejercido una fuerte presión en los ecosistemas del planeta.

Extensas zonas de la superficie de la Tierra, sobre todo de regiones áridas y semiáridas, llevan milenios siendo utilizadas para la producción agrícola, generando así cosechas para una población cada vez mayor. Las preocupaciones sobre la relación entre el crecimiento demográfico y la degradación medioambiental suelen centrarse, con cierta cortedad de miras, en los niveles de población agregada. Sin embargo, el impacto global de los seres humanos en el entorno está en función tanto del tamaño total de la población como del consumo per cápita (véase figura K). Por ejemplo, en los Estados Unidos solo vive el 6 % de la población mundial pero se gastan entre el 30 y el 40 % de los recursos naturales de la Tierra. En conjunto, este consumo regional excesivo y el crecimiento demográfico descontrolado suponen un grave problema para la salud del planeta. Si no estamos dispuestos a cambiar la estructura de valores culturales y religiosos subyacentes que sustenta esta amenazante dinámica, es probable que la salud de la Madre Tierra se deteriore aún más.

	Consumo anual de petróleo per cápita (en litros)	Coches por 1.000 personas	Consumo anual de carne per cápita (en kg)	Uso anual de agua dulce per cápita (en metros cúbicos)
EE. UU.	3.504	808	123	1.518
Corea del Sur	2.606	379	54	525
Finlandia	2.397	591	73	436
Brasil	572	259	80	297
Egipto	513	43	22	809
Indonesia	302	79	11	356
RD Congo	10	5	5	5

K. Patrones de consumo anual (per cápita) en países seleccionados (2012).
Fuentes: Petróleo: CIA World Factbook (Libro Mundial de los Hechos), 2012: https://www.cia.gov/library/publications/the-world-factbook; Coches: Banco Mundial, 2012: http://data.worldbank.org/indicator>; Carne: Organización de las Naciones Unidas para la Agricultura y la Alimentación (FAO), 2010, Livestock and Fish Primary Equivalent: http://www.fao.org/faostat/en/; Agua: Pacific Institute (Instituto del Pacífico), Worldwater.org: http://www.worldwater.org

Algunos efectos del consumo excesivo y del crecimiento demográfico son tristemente obvios en la actual crisis alimentaria que está afectando a inmensas regiones del planeta. En los últimos años, diversos disturbios de gran magnitud en Haití, Indonesia, Filipinas, China o Camerún subrayan las crecientes limitaciones en el acceso a la comida debido, en parte, a problemas medioambientales como la sequía. Otros factores son el aumento de los precios del petróleo (que afecta al coste del transporte de alimentos); el uso de productos básicos como el maíz para fabricar biocombustible, en un esfuerzo por reducir la dependencia con respecto al petróleo; y el acceso desigual de los países desarrollados y en vías de desarrollo a los distintos recursos. La actual crisis alimentaria pone de manifiesto la interconexión de los problemas políticos, económicos y ecológicos, que se ve acentuada por el proceso de la globalización.

Otro problema ecológico significativo relacionado con los incrementos demográficos y la globalización de la degradación medioambiental es la reducción de la biodiversidad a escala mundial. En la actualidad, siete de cada diez biólogos creen que el planeta está sufriendo la más rápida extinción masiva de especies vivas en sus 4.500 años de historia. Según informes recientes de la Organización para la Cooperación y el Desarrollo Económicos (OCDE), se considera que dos tercios de las tierras de cultivo están «algo degradadas», y un tercio, «muy degradadas». La mitad de los humedales ya se han visto devastados, y la biodiversidad de los ecosistemas de agua dulce se halla gravemente amenazada. Desde 1900, se han perdido tres cuartas partes de la diversidad genética mundial en los productos agrícolas y las variedades animales. Algunos expertos temen que al final de este siglo haya desaparecido hasta un 50% de todas las especies de animales y plantas, la mayoría de ellas en el Sur global. Por tanto, a juicio de numerosos medioambientalistas, deberíamos abordar la biodiversidad como un activo planetario, y mantenerla en fideicomiso por el bien de las generaciones futuras.

Entre algunas de las medidas tomadas actualmente para salvaguardar la biodiversidad se incluye la creación de centenares de «bancos genéticos» ubicados en más de cien países de todo el mundo. Uno de los más espectaculares es la Bóveda Global de Semillas de Svalbard, enterrada en una montaña de permafrost de la isla ártica de Spitzbergen. Inaugurada oficialmente en 2008, esta «bóveda apocalíptica» fue financiada por el Fondo Global para la Diversidad de Cultivos (con aportaciones de donantes internacionales como la Fundación de Gates y la Rockefeller) y concebida especialmente para almacenar y custodiar copias de seguridad de las principales semillas de cultivos alimentarios a menos de 18 °C. A modo de caja de seguridad de un banco, la Bóveda Global de Semillas es gratuita para los depositantes privados o públicos, y de su protección se encarga el Gobierno noruego. No obstante, es dudoso que estas medidas tan encomiables basten para frenar la creciente pérdida de biodiversidad provocada por la huella ecológica del género humano.

La contaminación transfronteriza supone otro grave peligro para nuestra supervivencia colectiva. La liberación de enormes cantidades de sustancias químicas en el aire y el agua ha creado, para la vida animal y humana, unas condiciones que han traspasado los anteriores límites de la experiencia biológica. Por ejemplo, en la segunda mitad del siglo XX se estaban usando clorofluorocarbonos (CFC) en refrigerantes no inflamables, disolventes industriales, agentes espumantes y propelentes de aerosoles. A mediados de la década de 1970, diversos investigadores advirtieron que la liberación no regulada de CFC en el aire parecía estar mermando la capa protectora de ozono de la Tierra. Una década después, el descubrimiento de grandes «agujeros de ozono» sobre Tasmania, Nueva Zelanda y amplias zonas de la Antártida dio lugar a un esfuerzo internacional coordinado para ir eliminando poco a poco la producción de CFC y otros productos supresores del ozono. Los científicos han avisado de que el riesgo mundial para la capa de ozono ha aumentado debido a las tormentas más fuertes y frecuentes y a otros «episodios meteorológicos extremos» asociados al cambio climático global. Otras formas de contaminación transfronteriza incluyen las emisiones industriales de óxidos de azufre y de nitrógeno. Al regresar a la tierra en forma de lluvia ácida, estas sustancias químicas dañan bosques, suelos y ecosistemas de agua dulce. En la actualidad, las precipitaciones ácidas en el norte de Europa y algunas zonas de Norteamérica duplican como mínimo el nivel crítico sugerido por los organismos medioambientales.

Por último, el asunto del cambio climático de origen humano se ha convertido en el principal centro de atención de las políticas nacionales e intergubernamentales, así como del activismo de base. Motivo de interés público gracias al galardonado documental de 2000 del anterior vicepresidente de los EE. UU. Al Gore titulado *Una verdad incómoda* –así como a la elaboración de numerosos informes científicos que esbozan las nefastas consecuencias del calentamiento global sin control ni restricciones–, el cambio climático es sin duda uno de los principales problemas globales que afronta actualmente la humanidad.

No obstante, el intento reciente más relevante para promover la toma de conciencia general sobre los peligros del cambio climático proviene de un sitio acaso inesperado: el Vaticano. En septiembre de 2015, en la Asamblea General de la ONU, el papa Francisco I hizo un llamamiento radical para que el mundo abordase el problema del calentamiento global (véase ilustración 13). Tras relacionar la cuestión del cambio climático con la más amplia búsqueda de igualdad, seguridad y justicia social, el pontífice llegó al extremo de enviar sus zapatos a la Cumbre del Clima del GICC de 2015, en París, para que se exhibieran en la Place de la République, junto con otros muchos miles de zapatos de manifestantes ecologistas, como símbolo público de la necesidad de poner freno a las emisiones de dióxido de carbono (véase recuadro 7).

13. El papa Francisco I se dirige a la Asamblea General de la ONU sobre el cambio climático, 25 de septiembre de 2015.

Recuadro 7. Llamamiento del papa Francisco sobre el clima

«Así pues, hago un llamamiento urgente a un nuevo diálogo sobre cómo vamos a modelar el futuro de nuestro planeta. Necesitamos un diálogo que incluya a todos, pues el desafío medioambiental que afrontamos y sus raíces humanas nos conciernen y afectan a todos. El movimiento ecologista mundial ha hecho ya considerables progresos y ha dado lugar a la creación de numerosas organizaciones comprometidas con la sensibilización en relación con estos problemas. Lamentablemente, muchos esfuerzos por buscar soluciones concretas para la crisis medioambiental han resultado estériles, no solo debido a una poderosa oposición sino también a una falta general de interés. Las actitudes obstruccionistas, incluso por parte de muchos creyentes, pueden ir desde la negación del problema a la indiferencia, pasando por la resignación indolente o la confianza ciega en las soluciones técnicas. Hace falta una solidaridad nueva y universal.»

Extracto de la encíclica *Laudato Si* («Alabado seas») emitida por el papa Francisco I el 24 de mayo de 2015.

Las consecuencias del cambio climático mundial, sobre todo el calentamiento global, podrían ser catastróficas. Muchísimos científicos de todas partes están reclamando a los gobiernos una acción concertada para poner coto a las emisiones de gases de efecto invernadero. De hecho, el calentamiento global supone un sombrío ejemplo del cambio decisivo tanto en la intensidad como en la magnitud de los problemas medioambientales contemporáneos. El rápido crecimiento de las emisiones de gases –entre ellos dióxido de carbono, metano, óxidos de nitrógeno y de azufre y CFC– en la atmósfera del planeta ha incrementado muchísimo la capacidad de la Tierra para retener el calor. El resultante «efecto invernadero» es el culpable del aumento promedio de las temperaturas a escala mundial (véase ilustración 14).

Es difícil calcular los efectos concretos del calentamiento global. Valiéndose de datos recopilados por el GICC y la NOAA, un informe de 2016 del Consejo de Defensa Nacional predice que, en 2100, las temperaturas medias globales serán hasta 8 °C más elevadas que hoy –si las emisiones globales siguen al ritmo actual–. Según diversos datos, la década comprendida entre 2000 y 2010 fue la más cálida de los últimos 1.300 años. El Informe Stern, encargado por el Gobierno del Reino Unido, ya afirmaba en 2007 que las temperaturas globales promedio habían aumentado 0,5 °C con respecto a las previas a la industrialización. Las temperaturas superiores están empeorando muchos tipos de fenómenos meteorológicos, entre ellos tormentas, incendios descontrolados, inundaciones y sequías. Por otra parte, estos desastres debidos al cambio climático global no solo ponen en peligro vidas humanas, sino que además provocan daños por valor de billones de dólares.

Estos incrementos significativos de las temperaturas globales también han dado lugar a la fusión de grandes masas de hielo de las principales reservas del mundo. Los casquetes polares se han fundido más de-

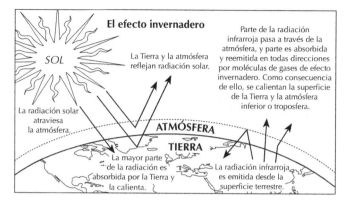

14. El efecto invernadero.

prisa en los 20 años más recientes que en los últimos 10.000. Lo que se reduce con más rapidez es la gran capa de hielo de Groenlandia, de modo que su derretimiento completo provocará un aumento general de los niveles del mar de hasta seis metros y medio. En todo caso, incluso un incremento muy inferior de estos niveles sería fatal para muchas regiones costeras de todo el mundo. Los pequeños países insulares del pacífico de Tuvalu y Kiribati, por ejemplo, desaparecerían, y ciudades costeras grandes como Tokio, Nueva York, Londres o Sídney perderían partes sustanciales de su paisaje urbano.

No obstante, el aumento del nivel y de la temperatura del agua como consecuencia del calentamiento global no son los únicos problemas graves que amenazan la salud de los mares del planeta. La pesca excesiva, la desaparición de los arrecifes de coral, la contaminación del litoral, la acidificación, los grandes derramamientos de petróleo –como el que siguió a la explosión de la plataforma petrolífera de BP en el golfo de México en 2010– y los vertidos ilegales de residuos peligrosos han causado un tremendo impacto en los entornos marinos de la Tierra (véase figura L).

Veamos, por ejemplo, la «Gran Zona de Basura del Pacífico», una gigantesca masa flotante de lodo químico y plásticos a menudo tóxicos y no biodegradables, con un tamaño que duplica el de Texas, que circula continuamente empujada por las fuertes corrientes del norte del océano Pacífico; o algo quizá más horripilante: el inmenso campo flotante de escombros generado por el terremoto y el tsunami devastadores de 2011 que en Japón provocaron la muerte de más de 15.000 personas. El desastre ocasionó la destrucción parcial de la central nuclear de Fukushima Daiichi,

L. Principales manifestaciones y consecuencias de la degradación medioambiental global.

lo cual contribuyó a la fuga de partículas radiactivas nocivas que pasaron al aire y al agua. Extendiéndose a lo largo de más de 3.000 kilómetros y conteniendo todavía un millón y medio de toneladas de detritos (tres millones y medio ya se han hundido), este campo de porquería cruzó el Pacífico en solo 15 meses.

A raíz de ello, en la costa del Pacífico de Norteamérica se depositaron grandes cantidades de materiales tóxicos, como aislante de paredes, bidones de gas y petróleo, neumáticos de coche, redes de pesca o boyas de poliestireno. Los objetos más pesados van a la deriva bajo el agua y podrían aparecer en la tierra en los próximos años. Los expertos temen que algunos de esos materiales lleguen a superar los niveles seguros de radiactividad. Entre 2013 y 2016, el campo de basura dio la vuelta y volvió a Hawái y Japón, solo para iniciar de nuevo, en 2017, su inquietante viaje hacia el litoral norteamericano del Pacífico.

La principal característica de estos problemas medioambientales potencialmente desastrosos es que son globales, lo cual los convierte en contratiempos graves para todos los seres sensibles que habitan nuestro fantástico planeta azul. De hecho, la contaminación transfronteriza, el calentamiento global, el cambio climático y la extinción de las especies son cuestiones que no se circunscriben a ámbitos nacionales, ni siquiera regionales. No tienen causas ni efectos aislados, pues se deben a acciones humanas colectivas acumuladas, por lo que requieren una respuesta global coordinada.

Los problemas ecológicos agravados por la globalización también presentan ramificaciones económicas importantes. Aunque estos efectos serán más significativos para los países menos desarrollados que para los ricos, afectarán igualmente a todas las personas y a todos los países. Los países pobres no cuentan con las infraestructuras ni los ingresos necesarios para adaptarse a los inevitables cambios climáticos que se producirán a causa de las emisiones de dióxido de carbono en la atmósfera terrestre. Como hemos señalado, las regiones en vías de desarrollo ya son, en promedio, más cálidas que la mayoría de los países desarrollados, por lo que padecen un elevado grado de variabilidad pluviométrica. Para colmo, buena parte de los ingresos de los países menos desarrollados dependen mucho de la agricultura. Y como la agricultura es el sector económico más sensible al clima, el cambio climático provocará más efectos adversos en los países en desarrollo que en los desarrollados.

Entre otras consecuencias de este círculo vicioso se incluyen el incremento de las enfermedades, el continuo aumento de los índices de mortalidad y el desmoronamiento de las infraestructuras. El coste de la vida seguirá subiendo, con lo cual las familias y las comunidades pobres serán incapaces de ahorrar para urgencias futuras. Algunas revisiones científicas recientes, como el Informe Stern, vinculan de forma explícita el problema del cambio climático al desarrollo y al suministro de ayuda a los países pobres, que, si quieren adaptarse y sobrevivir al cambio climático, necesitarán asistencia del mundo desarrollado. Así pues, el cambio climático y el calentamiento global no son solo cuestiones medioambientales o científicas, sino también económicas, políticas, culturales y, sobre todo, éticas que se han expandido e intensificado debido al proceso de la globalización.

En círculos públicos y académicos ha habido mucho debate sobre la gravedad del cambio climático y la mejor manera de responder a él por parte de la comunidad global. Como cabe deducir de la lista de los principales acuerdos medioambientales globales, llevamos treinta años de discusiones internacionales sobre el problema del calentamiento global y la degradación del medio ambiente. No obstante, aunque se ha escrito y hablado bastante sobre el asunto, no son muchas las medidas coordinadas que se han puesto en práctica. La mayoría de los tratados medioambientales carecen de mecanismos de aplicación efectiva.

La mayor parte de los esfuerzos políticos en favor de un cambio inmediato han sido limitados. No obstante, los principales impedimentos para la consecución y la puesta en marcha de un acuerdo medioambiental global efectivo provienen de la negativa de China y de los Estados Unidos –los mayores contaminadores del mundo– a ratificar ciertas cláusulas clave. Ambos países consideran que las medidas para reducir las emisiones de dióxido de carbono –y, por tanto, ralentizar el calentamiento global– constituyen impedimentos para su crecimiento económico. En cualquier caso, la inacción actual con respecto al cambio climático tendrá más consecuencias funestas para el crecimiento económico futuro (véanse figuras M y N).

Aun así, hay algunas razones para mantener un optimismo moderado. Por ejemplo, existe un significativo acuerdo sobre la aplicación en todos los países de ciertas limitaciones a las emisiones de dióxido de carbono. Algunos países ricos de la UE y Australia han conseguido imponer a los emisores un impuesto nacional sobre el CO_2. Sin embargo, los países pobres alegan que ellos no deberían verse afectados por las mismas medidas sobre el dióxido de carbono y los mismos planes comerciales que los países desarrollados, y basan su postura en dos razones. En primer lugar, necesitan desarrollar sus industrias e infraestructuras para salir de la pobreza. Las restricciones a las emisiones de CO_2 de sus industrias dificultarían muchísimo su desarrollo económico. En segundo lugar, a su juicio, no se puede achacar a los países pobres la producción de la mayor parte de los gases de efecto invernadero, causantes del problema actual.

País	Emisiones totales (kilotones de CO_2)	Emisiones per cápita (toneladas per cápita)
China (continente)	10.540.000	7,6
Estados Unidos de América	2.341.000	16,5
India	5.334.000	1,8
Federación Rusa	1.766.000	12,4
Japón	1.278.000	10,1
Alemania	767.000	9,3
República Islámica de Irán	618.000	7,9
República de Corea	610.000	12,3
Canadá	565.000	15,9
Brasil	501.000	2,5
Global total	35.669.000	5,0

M. Los diez principales emisores de dióxido de carbono, 2014. *Fuentes:* PBL Netherlands Environmental Assessment Agency (2015): Olivier, J. G. J., Janssens-Maenhout, G., Muntean y M., Peters, J. H. A. W., Trends in global CO2 Emissions – 2015 report, JRC report 98184/PBL report 1803, noviembre 2015: http://edgar.jrc.ec.europa.eu/overview.php?v=CO2ts_pc1990-2014; y http://edgar.jrc.ec.europa.eu/overview.php?v=CO2ts1990-2014

Al señalar a los países desarrollados como los principales generadores de gases de efecto invernadero, dan a entender que la responsabilidad de limitar la producción de dichos gases debería recaer sobre todo en el mundo desarrollado –al menos hasta que los países en vías de desarrollo hayan sacado a su población de la pobreza extrema.

Año	Millones de toneladas métricas de dióxido de carbono
1750	3
1800	8
1850	54
1900	534
1950	1.630
2000	23.650
2014	37.500

N. Emisiones de CO_2 a largo plazo.
Fuente: Olivier J. G. J. *et al.* (2012), Trends in global CO2 emissions; 2015 Report, La Haya: PBL Netherlands Environmental Assessment Agency; Ispra: Comisión Europea, Centro Común de Investigación

Los Estados Unidos se han mostrado abiertamente contrarios a estos razonamientos insistiendo en que todos los países deben estar sometidos a las mismas restricciones con respecto a las emisiones de dióxido de carbono. En la decimotercera Conferencia de las Partes (COP 13) del Convenio Marco de las Naciones Unidas sobre el Cambio Climático (CMNUCC), celebrada en Bali en 2007, la delegación norteamericana bloqueó sistemáticamente las negociaciones al exigir que los países en vías de desarrollo asumieran más responsabilidades en la lucha contra el calentamiento global. Al mismo tiempo, sin embargo, Norteamérica se ha mostrado reacia a participar en ningún acuerdo que pudiera enlentecer su propio crecimiento económico. A lo largo de la década de 2000, la administración Bush abandonó tratados internacionales clave, como el Protocolo de Kioto, mientras se quedaba rezagada con respecto a otros países desarrollados en su compromiso por limitar y poner topes a las emisiones de dióxido de carbono.

Por desgracia, el siguiente Gobierno estadounidense no cambió, en lo fundamental, el enfoque de su predecesor. Aunque el presidente Barack Obama hizo llamativos gestos retóricos a favor de la protección medioambiental, sus actos no se correspondieron con sus palabras. Por ejemplo, en la Cumbre del Clima de Copenhague de 2009, Obama aceptó acuerdos inconcretos, no vinculantes, que no satisfacían ni de lejos el objetivo de la Cumbre de alcanzar un pacto firme y vinculante global sobre el clima.

En la misma línea, la tan esperada conferencia de la ONU de 2012 sobre Desarrollo Sostenible, celebrada en Brasil –conocida como Río + 20 porque se llevaba a cabo veinte años después de la histórica Cumbre de Río de 1992 sobre el Cambio Climático–, solo generó documentos estériles que contribuían de boquilla a una «visión común» de la sostenibilidad medioambiental pero no lograban imponer objetivos vinculantes de reducción de las emisiones. Los Estados nacionales demostraron no estar dispuestos a comprometerse en un multilateralismo medioambiental que produciría resultados cuantificables en la lucha contra el calentamiento global a escala planetaria.

No obstante, en diciembre de 2015, la reunión del Convenio Marco de la ONU sobre el Cambio Climático organizada en París acabó siendo un punto de inflexión en las actuaciones para limitar el cambio climático, pues se asumió el objetivo expreso de eliminar las emisiones de dióxido de carbono en un futuro inmediato. El «pacto climático global» de París, que por primera vez en la historia implicaba a todos los países del mundo en un acuerdo para abordar el cambio climático, constaba de varios elementos clave. Primero, las partes se comprometían a frenar el incremento de las temperaturas globales. Segundo, se disponían a limitar la cantidad de gases de efecto invernadero debidos a la actividad humana hasta los niveles que los árboles, el suelo y los mares son capaces de absorber de manera natural, acciones que se iniciarían entre 2050 y 2100. Tercero, para redoblar la apuesta los países accedían a revisar cada cinco años las contribuciones recíprocas a la disminución de emisiones. Por último, los países ricos aseguraron que ayudarían a los pobres por medio de «financiación climática» para adaptarse al cambio climático y pasar a usar energías renovables. Aunque la firma final del Acuerdo de París de 2016 constituye un importante hito en la lucha global por la sostenibilidad medioambiental, solo representa el primer paso en el largo camino hasta un mundo sin dióxido de carbono, accionado por energías no fósiles, como la solar, la eólica o la mareomotriz. En febrero de 2018, las partes volvieron a reunirse para evaluar sus avances; por otro lado, se han programado nuevas reuniones de revisión cada cinco años.

En su exhaustivo estudio *Globalization and the Environment* (2013), los científicos políticos australianos Peter Christoff y Robyn Eckersley han identificado cinco problemas entrelazados y muy arraigados que dificultan la existencia de un sistema de tratados medioambientales globales efectivos:

1. Los Estados no han conseguido integrar la gobernanza económica y medioambiental a escala nacional.
2. Los Estados no han conseguido integrar la gobernanza económica y medioambiental a escala internacional.
3. Poderosas fuerzas sociales siguen oponiendo resistencia a realizar esfuerzos para transformar las economías y sociedades en una dirección más sostenible desde el punto de vista ecológico.
4. El discurso económico neoliberal continúa siendo globalmente dominante, lo que debilita el desarrollo sostenible y los planteamientos y prácticas de modernización ecológica.
5. Todo lo anterior persiste porque los mecanismos nacionales e internacionales de rendición de cuentas siguen siendo débiles e insuficientes en un mundo globalizado.

El Acuerdo de París de 2015 solo aborda algunos de estos puntos. Además, no todas las disposiciones del tratado son legalmente vinculantes, lo cual significa que la presión mutua internacional constituye el método más afectivo para hacer cumplir acuerdos que afectan a actividades internas protegidas por la soberanía nacional. Así pues, las negociaciones sobre el cambio climático son un instructivo ejemplo de cómo se entrelazan las diversas dimensiones de la globalización. En este caso, es muy sencillo: la globalización política no ha evolucionado al mismo ritmo que las demandas de la globalización ecológica.

Pero el tiempo es oro. Algunos destacados científicos creen que si esta acción lenta y gradual dura uno o dos decenios más, será del todo imposible evitar los catastróficos efectos del cambio climático y la degradación ecológica (véase figura O). Viendo la precaria salud de la Madre Tierra en la segunda década del siglo XXI, para muchas personas está clarísimo que la fase contemporánea de la globalización está siendo, desde el punto de vista medioambiental, el período más destructivo de la historia humana. Queda por ver, sin embargo, si el creciente reconocimiento de los límites ecológicos del planeta se traducirá rápidamente en formas nuevas y profundas de cooperación política transfronteriza. Como veremos en el capítulo 7, buena parte de ello depende del cuestionamiento de una poderosa ideología global arraigada en la utopía de los mercados sin restricciones y en el deseo de acumulación y consumo ilimitados de cosas materiales.

Nombre del tratado/conferencia	Alcance/protección	Fecha
UNESCO – Patrimonio de la Humanidad, París	Patrimonio cultural y natural	1972
Conferencia UNEP, Estocolmo	Medio ambiente general	1972
CITES, Washington, D. C.	Especies en peligro de extinción	1973
Tratado de contaminación marina, Londres	Contaminación marina debida a buques	1978
Convención de la ONU sobre el Derecho del Mar	Especies marinas, contaminación	1982
Protocolo de Viena	Capa de ozono	1985
Protocolo de Montreal	Capa de ozono	1987
Convención de Basilea	Residuos peligrosos	1989
«Cumbre de Río» de la ONU sobre el Cambio Climático	Biodiversidad	1992
Mandato de Yakarta	Diversidad marina y costera	1995
Protocolo de Kioto	Calentamiento global	1997
Convenio de Róterdam	Contaminación industrial	1998
Cumbre Mundial de Johannesburgo	Sostenibilidad ecológica, contaminación	2002
Plan de Acción de Bali	Calentamiento global	2007
Cumbre del Clima de Copenhague, ONU	Calentamiento global	2009
Cumbre del Clima de Cancún, ONU	Calentamiento global	2010
Cumbre del Clima de Dubái, ONU	Calentamiento global	2011
Río + 20, ONU	Desarrollo sostenible	2012
Cumbre del Clima de París, ONU	Cambio climático	2015

O. Principales tratados/conferencias medioambientales globales, 1972-2015.

7
Ideologías de la globalización: globalismo de los mercados, globalismo de la justicia, globalismos religiosos

Las ideologías son sistemas sólidos de ideas ampliamente compartidas y creencias estructuradas que importantes grupos de la sociedad aceptan como verdaderas. A modo de mapas políticos mentales, ofrecen a los individuos un escenario más o menos coherente del mundo tal como es, pero también de cómo debería ser. Al hacer esto, las ideologías ayudan a organizar la enorme complejidad de las experiencias humanas en afirmaciones bastante simples que sirven de guía y brújula a la acción social y política. Estos postulados se utilizan para legitimar determinados intereses políticos y defender o poner en entredicho las estructuras del poder dominante. Al tratar de inculcar en la sociedad sus normas y valores preferidos, los codificadores de ideologías –por lo general, élites sociales– se dirigen a sus audiencias mediante relatos que persuaden, alaban, condenan, distinguen «verdades» de «falsedades» y separan «el bien» y «el mal». Por tanto, la ideología conecta la teoría y la práctica al orientar y organizar la acción humana con arreglo a afirmaciones y códigos de conducta generalizados.

Como todos los procesos sociales, la globalización funciona en una dimensión ideológica en la que hay una gran variedad de normas, aserciones, creencias y relatos sobre el fenómeno propiamente dicho. En efecto, el acalorado debate público acerca de si la globalización supone algo «bueno» o «malo» se produce en el terreno de la ideología. Hoy en día, tres tipos de globalismo compiten en todo el mundo por la adhesión de partidarios. El globalismo de los mercados pretende dotar a la globalización de normas de libre mercado y significados neoliberales. En oposición al globalismo de los mercados, desde la izquierda política, el globalismo de la justicia crea una visión alternativa de la globalización basada en ideales igualitarios de solidaridad global y justicia distributiva. Desde la derecha política, diversos globalismos religiosos luchan contra el globalismo tanto de los mercados como de la justicia, pues se proponen movilizar una comunidad religiosa imaginada en términos globales para defender creencias y valores religiosos que, a su juicio, están siendo objeto de duros ataques por parte de las fuerzas del laicismo y el consumismo.

No obstante, pese a las considerables diferencias entre sí, estos tres globalismos tienen en común una función importante: articular y traducir el creciente imaginario global –una aceptación colectiva de que el sentimiento de comunidad y pertenencia está cada vez más vinculado a lo global– en agendas y programas políticos concretos. En consecuencia, sería un error acusar a los dos contendientes ideológicos del dominante globalismo de los mercados de ser «contrarios a la globalización». En todo caso, su postura debería ser descrita como «alterglobalizadora»: favorable a visiones alternativas de un mundo integrado que opone resistencia a las proyecciones neoliberales de los principios universales del libre mercado.

En el movimiento «antiglobalizador» existen voces convincentes, sin duda: nacional-populistas y proteccionistas económicos, como Donald Trump y la mayoría de los partidarios del Tea Party, en los Estados Unidos; Marine Le Pen, en Francia; Nigel Farage, en el Reino Unido, y Frauke Petry, en Alemania. Sus respectivos programas se parecen mucho en lo concerniente a su férrea oposición a las dinámicas globalizadoras que ponen en tela de juicio la unidad nacional concebida en términos de homogeneidad.

Por ejemplo, en su victoriosa campaña presidencial de 2016, Trump se opuso a la postura mayoritaria de su partido sobre el libre comercio mostrándose favorable al «nacionalismo económico», la idea de que se debe diseñar la economía de tal modo que satisfaga los chatos intereses nacionales (véase ilustración 15). Aunque la marca comercial «Trump» representa una red global de hoteles desde Honolulu hasta Río de Janeiro, el emprendedor y presentador de *reality shows* ha manifestado a menudo su convicción de que, en la base de la sociedad norteamericana, se da un conflicto incontenible entre las reivindicaciones del nacionalismo y las órdenes emitidas por la economía global. Además, Trump ha propuesto la construcción de un muro a largo de la frontera con México de más de 3.000 kilómetros para no dejar pasar a los inmigrantes ilegales. Defiende asimismo la deportación forzosa de millones de inmigrantes ilegales, así como «el cierre total y completo a la entrada de musulmanes hasta que los representantes de nuestro país se hagan una idea de qué demonios está pasando». Aferrándose al menguante imaginario nacional, cabe considerar que los nacional-populistas como Trump son «reaccionarios» por cuanto

15. Donald Trump dirigiéndose a una multitud en Milwaukee, Wisconsin, 4 de abril de 2016.

reaccionan contra las tres ideologías globalistas sin procurar a sus audiencias ninguna explicación constructiva del creciente imaginario global.

Globalismo de los mercados

El globalismo de los mercados es, sin lugar a dudas, la ideología dominante de nuestra época. Desde la década de 1990, ha sido codificado y difundido a escala mundial por élites del poder global entre las que se incluyen directores de empresa, ejecutivos de grandes corporaciones transnacionales, lobistas empresariales, periodistas influyentes, especialistas en relaciones públicas, intelectuales que se dirigen a públicos amplios, celebridades y artistas conocidos, burócratas estatales y líderes políticos. Como grandes defensores del globalismo de los mercados, estos individuos saturan el discurso público de imágenes idealizadas de un mundo consumista, de mercado libre. Y cuando venden a la gente su versión preferida de un mercado global único, representan la globalización de una forma positiva, como una herramienta indispensable para la materialización de ese orden global.

Estas visiones favorables de la globalización impregnan la opinión pública y las decisiones políticas en muchas partes del mundo. De hecho, los mandamases neoliberales aparecieron como diseñadores expertos de un receptáculo ideológico atractivo para una agenda política favorable al mercado. Habida cuenta de que el intercambio de productos básicos constituye una de las actividades esenciales de cualquier sociedad, el propio discurso de la globalización orientado al mercado se ha convertido en una mercancía importantísima destinada al consumo público. *Business Week, The Economist, Forbes,* el *Wall Street Journal* y el *Financial Times* se cuentan entre los más influyentes periódicos, revistas, diarios y medios electrónicos publicados a escala global que alimentan a sus lectores con una dieta regular de afirmaciones positivas sobre el globalismo de los mercados.

Así pues, el globalismo de los mercados ha llegado a ser lo que algunos teóricos sociales denominan «un discurso fuerte» –que cuesta mucho rechazar o rebatir, pues tiene de su lado a importantes fuerzas sociales que ya han seleccionado previamente lo que cuenta como «real» y, por tanto, moldean el mundo en consecuencia–. La repetición constante y la recitación pública de los postulados y los eslóganes fundamentales del globalismo de los mercados tienen la capacidad de producir lo que nombran. A medida que se promulgan más medidas neoliberales, los planteamientos del globalismo de los mercados van estando cada vez más firmemente asentados en la mente del público.

Tras analizar cientos de artículos de periódicos y revistas –tanto en internet como en papel–, he identificado cinco afirmaciones ideológicas relevantes que aparecen con gran frecuencia en los discursos, escritos y declaraciones de influyentes globalistas de los mercados (véase recuadro 8).

Recuadro 8. Las cinco afirmaciones del globalismo de los mercados

1. La globalización tiene que ver con la liberalización y la integración global de los mercados.
2. La globalización es inevitable e irreversible.
3. Nadie está al cargo de la globalización.
4. La globalización beneficia a todo el mundo.
5. La globalización promueve la difusión de la democracia en el mundo.

Es importante señalar que los propios globalistas crean estos preceptos ideológicos a fin de vender su agenda política y económica. Tal vez ningún alegato o escrito individual favorable al globalismo de los mercados contiene las cinco afirmaciones, pero en cada uno hay al menos alguna.

Como ocurre con todas las ideologías, el globalismo de los mercados comienza con el intento de establecer una definición acreditada de sus conceptos esenciales. Para los neoliberales, una descripción así se sustenta en la idea del mercado autorregulable que funciona como marco de un futuro orden global. No obstante, el problema de la afirmación 1 es que su mensaje básico de liberalización e integración de los mercados es realizable solo mediante el proyecto «político» de la organización de mercados libres. En consecuencia, los globalistas de los mercados han de estar dispuestos a valerse de los poderes del Gobierno para debilitar y suprimir las instituciones y las medidas sociales que restringen la actividad mercantil. Como solamente los gobiernos fuertes están preparados para asumir esta ambiciosa tarea de transformación de las disposiciones sociales existentes, la liberalización satisfactoria de los mercados depende de la intervención y de la intromisión de un poder estatal centralizado. Sin embargo, aunque estas acciones evidencian un marcado contraste con la idealización del papel limitado de los gobiernos, los globalistas esperan efectivamente que aquellos desempeñen un papel muy activo en la ejecución de esta agenda política. El carácter activista de las primeras administraciones neoliberales en los Estados Unidos, el Reino Unido, Australia y Nueva Zelanda durante las décadas de 1980 y 1990 certifica la importancia de una intervención gubernamental firme en el diseño de los mercados libres.

La afirmación 2 proclama la inevitabilidad y la irreversibilidad históricas de la globalización entendida como la liberalización y la integración global de los mercados. La imagen de la globalización como una especie de fuerza natural, semejante al clima o la gravedad, ayuda a los globalistas a convencer a la gente de que, si quiere sobrevivir y prosperar, debe adaptarse a la disciplina del mercado. Por tanto, el supuesto de inevitabilidad despolitiza el discurso público sobre la globalización. Las estrategias neoliberales se describen como si estuvieran por encima de la política: simplemente llevan a cabo lo decretado por la naturaleza. Esto da a entender que, en vez de actuar conforme a una serie de opciones, los individuos se limitan a obedecer las leyes del mercado mundial, que exigen la supresión de los controles gubernamentales. Como solía decir la antigua primera ministra británica Margaret Thatcher: «no hay alternativa». Si no se puede hacer nada contra el movimiento de las fuerzas económicas y tecnológicas, los grupos políticos han de dar su conformidad y sacar el máximo provecho de una situación inalterable. Oponer resistencia sería antinatural, irracional y peligroso.

El lenguaje determinista del globalismo de los mercados ofrece aún otra ventaja retórica. Si efectivamente las leyes naturales del mercado han dispuesto de antemano el rumbo neoliberal de la historia, la globalización no refleja la arbitraria agenda de una clase o un grupo social concreto. En este caso, los globalistas de los mercados se limitan a llevar a cabo los imperativos invariables de una fuerza transcendental. La gente no está al cargo de la globalización; lo están los mercados y la tecnología. No obstante, estas opiniones subyacentes a la afirmación 3 son correctas solo en un sentido formal. Aunque no hay una conspiración consciente orquestada por una fuerza diabólica única, esto no significa que nadie esté al mando de la globalización. La liberalización y la integración de los mercados globales no se producen fuera del ámbito de las decisiones humanas. Como veremos en el capítulo 8, la iniciativa de los globalistas mercantiles de integrar y desregular los mercados del mundo entero crea —a la vez que sustenta— relaciones de poder asimétricas. Pese al ascenso de China y la India, los Estados Unidos siguen siendo la principal potencia militar y económica del mundo, y las ETN más importantes tienen su sede en Norteamérica. Esto no equivale a decir que los EE. UU. ejerzan un dominio absoluto sobre estos gigantescos procesos de globalización, pero sí sugiere que tanto el contenido como la dirección de la globalización están moldeados, en un grado no desdeñable, por la política exterior e interior estadounidense.

La afirmación 4 –la globalización beneficia a todos– constituye la esencia del globalismo de los mercados, pues procura una respuesta afirmativa a la pregunta normativa crucial de si la globalización es algo «bueno» o «malo». Los globalistas de los mercados suelen unir sus razonamientos a los presuntos beneficios derivados de la liberalización del comercio: mayor nivel de vida global, eficiencia económica, libertad individual y progreso tecnológico sin precedentes. No obstante, cuando la dinámica mercantil domina los resultados sociales y políticos, las oportunidades y las recompensas de la globalización suelen extenderse de forma desigual, de modo que el poder y la riqueza se concentran en un grupo limitado de personas, regiones y empresas a expensas de la inmensa mayoría. Cabe aplicar la misma lógica de mercado al acceso a la información a través de la tecnología digital (véase figura P). En el capítulo 8 volveremos sobre la cuestión de la desigualdad global.

La afirmación 5 –la globalización promueve la propagación de la democracia en el mundo– está cimentada en la máxima neoliberal de que el libre mercado y la democracia son sinónimos: declarada una y otra vez «de sentido común», la compatibilidad de estos conceptos suele darse por sentada en el discurso público. De hecho, la afirmación 5 se basa en un concep-

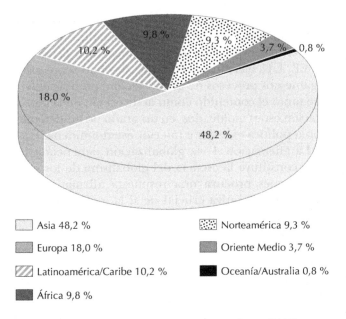

Asia 48,2 % Norteamérica 9,3 %

Europa 18,0 % Oriente Medio 3,7 %

Latinoamérica/Caribe 10,2 % Oceanía/Australia 0,8 %

África 9,8 %

P. Usuarios globales de internet por regiones (2015).
Fuente: extraído de http://www.internetworldstats.com, © 2015,
Miniwatts Marketing Group

to de democracia que pone el acento en procedimientos formales, como votar en las elecciones, en detrimento de la participación directa de amplias mayorías en la toma de decisiones económicas y políticas. Esta definición «endeble» de democracia refleja un modelo elitista y reglamentado de «baja intensidad», o una democracia «formal» de mercado. En la práctica, la introducción de unos cuantos elementos democráticos en una estructura básicamente autoritaria garantiza que quienes resultan elegidos permanezcan aislados de las presiones populares y, por tanto, puedan gobernar de manera efectiva. Por consiguiente, la idea de que la globalización promueve la difusión de la democracia en el mundo gravita, en buena medida, en una definición superficial de democracia.

Nuestro examen de las cinco principales afirmaciones del globalismo de los mercados da a entender que el lenguaje neoliberal sobre la globalización es ideológico en el sentido de que tiene motivaciones políticas y contribuye a la construcción de significados concretos de globalización que preservan y estabilizan relaciones de poder existentes. En todo caso, el alcance ideológico del globalismo de los mercados transciende la tarea de proporcionar a la gente una explicación exhaustiva de lo que significa la globalización. El globalismo de los mercados se basa en convincentes relatos que describen una cosmovisión neoliberal general, creando de este modo significados colectivos y moldeando las identidades de las personas. No obstante, como han demostrado tanto las masivas movilizaciones a favor del globalismo de la justicia como los atentados terroristas del globalismo yihadista, la expansión del globalismo de los mercados se ha topado con una considerable resistencia tanto de los progresistas como de los tradicionalistas.

Globalismo de la justicia

A medida que concluía el siglo XX, las críticas al globalismo de los mercados empezaron a suscitar más atención en el discurso público de la globalización, algo que se debía también a un mayor conocimiento sobre el hecho de que las estrategias empresariales de maximización de beneficios estaban aumentando las desigualdades globales en cuanto a salud y bienestar. Tras iniciarse a finales de la década de 1990 y proseguir durante buena parte de la de 2000, la disputa entre el globalismo de los mercados y su contendiente ideológico en la izquierda política se ha puesto de relieve en enfrentamientos callejeros de muchas ciudades de todo el mundo. ¿Cuáles son esas fuerzas globalistas de la justicia y cuál es su enfoque ideológico?

El globalismo de la justicia hace referencia a las ideas y los valores políticos relacionados con las alianzas sociales y los actores políticos cada vez más conocidos como Movimiento por la Justicia Global (MJG), el cual surgió en la década de 1990 a modo de red progresista de oenegés internacionales que en el capítulo 4 definimos como «sociedad civil global». Comprometido con la creación de una relación más equitativa entre el Norte y el Sur globales, el MJG organizó campañas sobre la protección del medio ambiente global, el comercio justo y asuntos laborales internacionales, los derechos humanos y diversos problemas relativos a las mujeres.

Echando un pulso a los postulados fundamentales del globalismo de los mercados, los globalistas de la justicia creen que «otro mundo es posible», como reza uno de sus eslóganes principales. Visualizando la construcción de un nuevo orden mundial basado en la redistribución global de la riqueza y el poder, el MJG subraya la crucial conexión que existe entre la globalización y el bienestar local. Por otro lado, acusa a las élites globalistas de los mercados de impulsar políticas neoliberales que están originando más desigualdad en el mundo, más desempleo, degradación medioambiental y la desaparición del bienestar social. Propugnando un «New Deal global» que favorezca a los pobres y a los marginados, los globalistas de la justicia intentan proteger a la gente corriente de todo el mundo frente a una «globalización neoliberal desde arriba» (véase recuadro 9).

Recuadro 9. New Deal global: cinco demandas

1. Un Plan Marshall global que incluya una condonación total de la deuda del Tercer Mundo.
2. Imposición de la denominada «tasa Tobin», un impuesto sobre todas las transacciones financieras internacionales que beneficiaría al Sur global.
3. Eliminación de los centros financieros *offshore* que ofrecen paraísos fiscales a empresas e individuos ricos.
4. Puesta en práctica de acuerdos medioambientales globales rigurosos.
5. Puesta en marcha de una agenda de desarrollo global más equitativa.

En Norteamérica, la periodista progresista Naomi Klein y el defensor de los derechos humanos Noam Chomsky son destacados representantes del globalismo de la justicia. En Europa, los portavoces de partidos verdes consolidados llevan tiempo señalando que la globalización neoliberal desenfrenada ha provocado una grave degradación del medio ambiente global. Diversos grupos neoanarquistas de Europa y los Estados Unidos, como el Black Bloc, coinciden con esta perspectiva; por otro lado, algunos de estos grupos están dispuestos a hacer un uso selectivo de ciertos medios violentos para alcanzar sus objetivos.

En el Sur global, el globalismo de la justicia suele estar representado por movimientos populares democráticos y de resistencia de pueblos indígenas frente a las estrategias neoliberales. La mayoría de estos grupos han establecido estrechos vínculos con oenegés internacionales globalistas de la justicia (véase figura Q).

En la actualidad, existen miles de organizaciones así en todas partes del mundo. Algunas se componen de apenas un puñado de activistas, mientras que otras despiertan el interés de un número de seguidores mucho mayor.

A principios del siglo XXI, los partidarios del globalismo de la justicia se han fortalecido. Esto se evidencia en la aparición del Foro Social Mundial (FSM) y de diversos movimientos de «ocupación» en todo el mundo. En los EE. UU., Occupy Wall Street irrumpió en la escena política en 2011 como integrante de un movimiento Occupy global que, en cuestión de meses, atrajo a activistas de las principales ciudades del mundo. Inspirados en las protestas populares de la «primavera árabe» y los campamentos de indignados en España, los manifestantes de Occupy expresaban irritación ante las desigualdades del capitalismo global y las prácticas irresponsables de muchas instituciones financieras, todas ellas presentes en las noticias de primera plana durante la Crisis Financiera Global. Enarbolando el eslogan «Somos el 99 %», indignados de Occupy de todo el mundo ocuparon espacios de gran importancia simbólica –como el Parque Zuccotti de Nueva York, cerca de Wall Street– y se propusieron crear, en miniatura, el tipo de sociedad igualitaria donde querían vivir. Como rechazaba las estructuras de liderazgo organizativo convencional, Occupy instauró un sistema de asambleas generales y grupos de trabajo

Nombre de la organización	Ubicación	Ámbitos de interés/atención
Association pour une taxation des transactions financiers pour l'aide aux citoyens (Asociación por la tasación de las transacciones financieras y por la acción ciudadana [ATTAC])	París, Francia, además de múltiples oficinas regionales	Reforma de las infraestructuras y de las instituciones financieras globales
Articulación Feminista Mercosur (Mercado Común del Sur)	Montevideo, Uruguay	Derechos de las mujeres, de los pueblos indígenas y de los marginados
Red Africana de Comercio	East Legion, Accra, Ghana	Cuestiones comerciales y de inversión en África; reforma del sistema financiero global
Corpwatch	San Francisco, California, EE. UU.	Derechos humanos, medioambientales y laborales a escala local, nacional y global; transparencia y rendición de cuentas en las finanzas y el comercio globales
Food First International Action Network	Heidelberg, Alemania	Fomento del derecho a la comida, la soberanía alimentaria y la seguridad alimentaria en todo el mundo
Enfoque en el Sur Global	Manila, Filipinas; Bangkok, Tailandia; Delhi, India	Creación de capacidad de base y promoción, investigación y activismo político; crítica de la globalización liderada por las empresas, el neoliberalismo y la militarización

Q. Ejemplos de organizaciones por el globalismo de la justicia.

donde se tomaban decisiones mediante procesos basados en el consenso.

Pese a la masiva campaña del movimiento Occupy en contra del «1 %», el FSM todavía funciona como escenario ideológico clave del globalismo de la justicia. Sus reuniones anuales en el Sur global atraen a decenas de miles de delegados de todo el mundo. Los defensores del globalismo de la justicia crearon a propósito el FSM a modo de «organización paralela» al Foro Económico Mundial (FEM), favorable al globalismo de los mercados, que se celebra en Davos, Suiza. Igual que los globalistas de los mercados consideran el FEM una plataforma para transmitir sus ideas y valores a una audiencia global, los globalistas de la justicia utilizan el FSM como principal planta de producción de sus alternativas políticas e ideológicas (véase recuadro 10).

Casi todos los grupos globalistas de la justicia vinculados al FSM comenzaron siendo colectivos pequeños, en apariencia insignificantes, de personas de Europa y Sudamérica con ideas afines. Muchos de ellos aprendieron importantes lecciones teóricas y prácticas de las luchas por el globalismo de la justicia en los países en vías de desarrollo, sobre todo del levantamiento del Ejército Zapatista de Liberación Nacional mexicano en 1994 contra las políticas neoliberales del libre comercio (véase recuadro 11).

Recuadro 10. De la Carta de Principios del FSM

El Foro Social Mundial es un espacio de encuentro abierto para el pensamiento reflexivo, el debate democrático de ideas, la formulación de propuestas, el libre intercambio de experiencias y el entrelazamiento, para la acción efectiva, de grupos y movimientos de la sociedad civil que se oponen al neoliberalismo y al dominio del mundo por parte del capital y cualquier forma de imperialismo, a la vez que asumen el compromiso de crear una sociedad planetaria orientada hacia las relaciones fructíferas en el seno del género humano y entre este y la Tierra [...].

El Foro Social Mundial es un contexto plural, diverso, no confesional, no gubernamental y no partidista que, de una manera descentralizada, interrelaciona organizaciones y movimientos implicados en acciones concretas en niveles que van desde el local al internacional para construir otro mundo [...].

Como escenario para interrelaciones, el Foro Social Mundial se propone fortalecer y crear nuevos lazos nacionales e internacionales entre organizaciones y movimientos de la sociedad que –en la esfera tanto pública como privada– incrementarán la capacidad de la resistencia social no violenta frente al proceso de deshumanización que está experimentando el mundo [...].

Cinco años después, la legendaria «batalla de Seattle» de finales de 1999 dio inicio a una serie de enfrentamientos a gran escala, que duraron una década, entre las fuerzas del globalismo de los mercados y las del globalismo de la justicia. En aquella manifestación masiva de Seattle, en Washington, contra la OMC tomaron parte entre 40.000 y 50.000 personas. A pesar del predominio de participantes norteamericanos, hubo también una notable presencia internacional. Esta ecléctica alianza, que proclamaba algunas de las cinco principales reivindicaciones del globalismo de la justicia, incluía a activistas contra el consumismo, sindicalistas (entre ellos estudiantes contrarios a los talleres de explotación laboral), ecologistas, defensores de los derechos de los animales, abanderados de la condonación de la deuda del Tercer Mundo, feministas y valedores de los derechos humanos. Al final, numerosos grupos de manifestantes interrumpieron el tráfico en el centro de la ciudad y, mediante la formación de cadenas humanas, lograron bloquear las principales entradas al centro de convenciones. Mientras centenares de delegados llegaban a duras penas al lugar de la conferencia, la policía de Seattle utilizó gases lacrimógenos, porras, balas de goma y aerosoles de pimienta contra los manifestantes (véase ilustración 16). En total, la policía detuvo a más de 600 personas.

Recuadro 11. Los cinco postulados fundamentales del globalismo de la justicia

1. El neoliberalismo provoca crisis globales.
2. La globalización pilotada por los mercados ha incrementado las desigualdades en cuanto a riqueza y bienestar en todo el mundo.
3. La participación democrática es esencial para resolver problemas globales.
4. Otro mundo es posible, y urgente.
5. Poder para la gente, no para las empresas.

16. La policía enfrentándose a manifestantes contrarios a la OMC en el centro de Seattle, 30 noviembre 1999.

Irónicamente, la batalla de Seattle demostró que muchas de las nuevas tecnologías aclamadas por los globalistas del mercado como el verdadero sello distintivo de la globalización también se podían poner al servicio de las fuerzas globalistas de la justicia y su agenda política. Los mensajes de texto en los dispositivos móviles permitían a los organizadores de acontecimientos como el de Seattle planificar nuevas formas de protesta (por ejemplo, un conjunto de manifestaciones simultáneas en distintas ciudades del planeta). Como hemos visto en las revueltas de Oriente Medio y las movilizaciones de Occupy en la década de 2010, individuos y grupos de todo el mundo pueden utilizar redes sociales como Twitter o Facebook para reclutar fácil y rápidamente a nuevos miembros, fijar fechas, compartir experiencias, disponer la logística o identificar y dar a conocer los objetivos, actividades que solo un par de décadas atrás habrían requerido mucho más tiempo y dinero. Las tecnologías digitales también permiten a los manifestantes no solo mantenerse en estrecho contacto durante todo el acontecimiento, sino también reaccionar con rapidez y eficacia ante las cambiantes tácticas policiales. Esta mayor capacidad para organizar y coordinar las protestas sin contar con un centro de mando, un liderazgo definido, una burocracia superflua ni demasiados recursos económicos ha incorporado una dimensión totalmente nueva al carácter de las manifestaciones por el globalismo de la justicia.

Globalismos religiosos

Los globalistas de la justicia estaban preparándose para otra oleada de manifestaciones en contra del FMI y el Banco Mundial, cuando los terroristas de Al Qaeda cometieron el atentado del 11 de septiembre de 2001. En menos de dos horas perecieron casi 3.000 personas, entre ellas cientos de heroicos policías y bomberos de Nueva York atrapados por el desplome de las torres del World Trade Center (véase ilustración 17). En los años posteriores a los atentados, quedó claro que los extremistas islamistas no iban a limitar sus actividades terroristas a los Estados Unidos. Redes yihadistas regionales como ISIS, Al Qaeda, Jemaah Islamiya, Boko Haram, Al Shabaah o Abu Sayyaf escogieron como blanco a civiles y personal militar de todo el globo, siendo sus actos criminales más recientes los de París (2015), Bruselas (2016), Dhaka (2016), Estambul (2016) y Niza (2016). De hecho, diversos globalistas yihadistas como Ahmed Omar, emir (jefe)

17. Las torres gemelas del World Trade Center en llamas, 11 septiembre 2001.

de la red yihadista somalí Al Shabaab, animan a los musulmanes residentes en Occidente a crear sus propias células terroristas independientes en su guerra santa contra los infieles: otro estremecedor ejemplo del crecimiento de la «glocalización» de las actividades humanas que analizamos en el capítulo 1.

No obstante, ISIS y Al Qaeda son solo dos ejemplos muy violentos de organizaciones que suscriben varias formas de globalismo religioso. Entre otras perspectivas de inspiración religiosa de la comunidad política global se incluyen algunos grupos fundamentalistas cristianos, como el Ejército de Dios, Identidad Cristiana, la Iglesia de los Mormones, la secta Falun Gong, el culto Aum Shinrikyo o Chabad, un movimiento judío ortodoxo con inequívocas ambiciones globales. Pese a su profundo conservadurismo, los globalismos religiosos también propugnan una perspectiva global al-

185

ternativa, lo cual no significa que todas las percepciones de carácter religioso de la comunidad global sean conservadoras, reaccionarias o violentas. De hecho, la mayoría de las religiones incorporan un sentido de comunidad global unida conforme a ciertos supuestos religiosos, si bien generalmente esto es informal en gran medida. En cualquier caso, un elemento clave relativo a las visiones globalistas religiosas es que estos grupos desean que su versión de una comunidad religiosa global lo abarque todo y tenga primacía o prioridad con respecto a las estructuras políticas seculares de base estatal. En casos extremos como ISIS o Aum Shinrikyo, estas organizaciones están dispuestas a utilizar medios sumamente violentos para alcanzar sus objetivos finales.

Aunque el islamismo yihadista –representado por grupos como ISIS o Al Qaeda– es actualmente la manifestación más espectacular de globalismo religioso, sería un error equiparar la ideología de la variedad ISIS o Al Qaeda con la religión del islam o incluso con ramas más pacíficas del islam político o del fundamentalismo islamista. Hay que aplicar el término *islamismo yihadista* a las ideologías muy violentas de influencia islámica que expresan el imaginario global en agendas políticas y estrategias terroristas concretas que se llevan a la práctica en todo el mundo. Como han demostrado las recientes acciones terroristas de ISIS o de Boko Haram, el islamismo yihadista es el intento más efectivo e influyente por articular el creciente imaginario global en un globalismo religioso –incluso después de la muerte de Osama bin Laden a manos de los SEAL de la Armada de los EE. UU., en Pakistán, el 2 de mayo de 2011 (véase recuadro 12).

Recuadro 12. El fallecido Osama bin Laden acerca de la Yihad y Occidente

Y la idea occidental de que el islam es una religión de yihad y enemistad hacia las religiones de los infieles y los propios infieles es una descripción verdadera y precisa... Puesto que, de hecho, forma parte de nuestra religión imponer nuestras creencias concretas a los demás... Su reticencia [de los musulmanes moderados] a admitir que la yihad ofensiva es uno de los rasgos distintivos de nuestra religión solo indica derrota. (2003)

Yo os digo [norteamericanos] que la guerra [contra el terrorismo] será o bien nuestra, o bien vuestra. En el primer caso, significará vuestra desaparición y vuestra vergüenza para siempre –y los vientos están soplando en esta dirección por la gracia de Alá–. Pero si ocurre lo segundo, entonces leed la historia, pues somos un pueblo que no tolera la injusticia, y buscamos venganza todos los días de nuestra vida. Y no pasarán muchos días y noches hasta que nos venguemos, como hicimos el 11 de septiembre. (2006)

El islamismo yihadista se basa en los conceptos esenciales de *umma* (comunidad islámica de creyentes) y *yihad* (lucha armada o sin armas contra los infieles exclusivamente por la causa de dios y su *umma*). En efecto, para los globalistas yihadistas la *umma* es una única comunidad de creyentes unidos por su fe en un solo Dios. Testimoniando un anhelo populista-religioso de líderes fuertes que ponen las cosas en orden combatiendo contra los invasores extranjeros y las élites islámicas corruptas, afirman devolver el poder a las «masas musulmanas» y restituir el antiguo esplendor de la *umma*. A su entender, el proceso de regeneración ha de comenzar con una pequeña pero entregada vanguardia de guerreros dispuestos a ser mártires y sacrificar su vida a la sagrada causa de iluminar a la gente para que asuma sus deberes religiosos, no solo en los países tradicionalmente musulmanes, sino en cualquier parte donde miembros de la *umma* suspiren por la implantación de la ley de Dios en la Tierra. Teniendo en cuenta que, hoy en día, una tercera parte de los musulmanes del mundo viven en minoría en países no islámicos, los islamistas yihadistas entienden que su objetivo ya no tiene un carácter local o nacional, ni siquiera regional, sino que más bien requiere un esfuerzo global concertado encabezado por yihadistas que actúan en diversas zonas del mundo entero.

Así pues, el globalismo yihadista tiene lugar en un espacio global liberado de la restrictiva territorialidad de Egipto o de Oriente Medio, que solía constituir el escenario político de los nacionalistas religiosos que luchaban contra los regímenes seculares modernos del siglo XX. Aunque diversas organizaciones, como ISIS, abrazan el dualismo maniqueo de un «choque de civilizaciones» entre una *umma* imaginada y el «infiel global», su ideología globalista supera las líneas divisorias civilizacionales nítidas. El deseo de restauración de una *umma* transnacional da fe de la globalización del mundo musulmán al igual que refleja la islamización de Occidente. Surgido en la transición conceptual desde el imaginario nacional al global, el islamismo yihadista todavía conserva convincentes metáforas que tienen que ver con solidaridades nacionales, o incluso tribales, de la gente. Y sin embargo, su centro de atención está plenamente en lo global, pues los islamistas yihadistas han desviado satisfactoriamente la lucha militante del islamismo desde el tradicional «enemigo cercano» (regímenes de Oriente Medio nacionalistas-seculares) hasta el «enemigo lejano» (el Occidente globalizador).

La reivindicación ideológica fundamental del globalismo yihadista –reconstruir una *umma* global unificada mediante la yihad global contra los infieles globales– está muy relacionada con la dinámica de un mundo cada vez más globalizado. Tiene un atractivo especial para los musulmanes jóvenes, de edades comprendidas entre 15 y 30 años, que han vivido durante largos períodos en los entornos individualizados y desculturizados del islam occidentalizado. Esta nueva ola de reclutas yihadistas, responsables de espectaculares acciones terroristas, como los atentados de Bruselas del 22 de marzo de 2016, era fruto de un islam occidentalizado. La mayoría residían en Europa o el norte de África y tenían escasos o nulos vínculos con los partidos políticos tradicionales de Oriente Medio. Su entusiasmo por la creación de una *umma* transnacional por medio de la yihad los convertía en candidatos ideales para engrosar las filas de la vanguardia. Esos jóvenes siguieron los pasos de la primera hornada de Al Qaeda en Afganistán en la década de 1980, que maduró su postura ideológica en un grupo multinacional de muyahidines idealistas empeñados en derribar el «impío» imperio soviético.

Pese a su retórica extremista, a los islamistas yihadistas no se les escapa que el globalismo de la yihad está librando una batalla durísima contra las fuerzas seculares del globalismo de los mercados y del globalismo de la justicia. Con todo, aunque en la última década la abrumadora superioridad militar del adversario ha debilitado significativamente la red de Al Qaeda, en los últimos años han surgido nuevas y poderosas organizaciones como ISIS. Aprovechándose de las cambiantes dinámicas de poder en el mundo islámico, en la década de 2010 los dirigentes de ISIS han llegado a reclutar a 30.000 extranjeros para sus principales frentes bélicos en Siria, Irak y Libia. A pesar de su fondo violento y escalofriante, esta perspectiva contiene una alternativa ideológica al globalismo de los mercados y al de la justicia que, no obstante, imagina la comunidad en términos inequívocamente globales.

8

El futuro de la globalización

En las dos décadas posteriores al 11 de septiembre de 2001, la lucha ideológica por el significado y el rumbo de la globalización no ha mostrado señales de decaer. De hecho, la elección del populista magnate de los negocios Donald Trump para el cargo político más importante del mundo ha creado un ambiente sombrío con respecto a las perspectivas futuras de la cooperación internacional. Al fin y al cabo, la intensificación de las relaciones sociales en el espacio mundial y el tiempo mundial ha generado nuevos problemas globales –situados más allá del alcance de cualquier Estado nación individual– y reaccionado ante ellos. Tal vez las tres tareas más difíciles que afronta la humanidad en el siglo XXI sean la reducción de la desigualdad social, la preservación de nuestro maravilloso planeta y el reforzamiento de la seguridad humana. Las crecientes diferencias en cuanto a riqueza y bienestar, en concreto, proyectan una inquietante sombra sobre la cuestión final que analizaremos en esta muy breve introducción a la globalización: ¿Abordaremos los problemas globales de una manera cooperativa o estamos al borde de una nueva era de conflicto que podría interrumpir el fuerte ímpetu de la globalización?

A simple vista, es evidente que incluso crisis prolongadas como la Crisis Financiera Global no podrían parar una serie poderosa de procesos sociales como es la globalización. De hecho, la formación del Grupo de los Veinte (G20) como organismo de deliberación relativamente efectivo, con capacidad para diseñar y coordinar la acción a escala global, sugiere que la idea de la gobernanza mundial quizá no sea hoy en día tan utópica como parecía ser hace un cuarto de siglo. Otras historias de éxito, como la reducción a escala mundial de la pobreza absoluta y la formación de una alianza internacional para la exploración conjunta del espacio exterior, sugieren que la solución a los problemas globales no es menos globalización sino más (y mejor organizada). Por otra parte, no faltan conflictos políticos y culturales, como la nueva estrategia expansionista del presidente ruso Putin en el este de Europa y la región del Cáucaso, la agresiva postura nuclear del líder supremo de Corea del Norte Kim Jong Un, el fallido golpe en Turquía de 2016 y el estado de emergencia impuesto por el presidente Erdogan, o los sangrientos atentados terroristas de diversas organizaciones religiosas globalistas como ISIS, que en 2016 aumentaron muchísimo en número e intensidad. De hecho, un examen atento de la historia moderna revela que las crisis sociales importantes y duraderas suelen dar origen al crecimiento de grupos políticos extremistas. La violencia a gran escala que desencadenan resulta ser capaz de interrumpir e incluso invertir las tendencias globalizadoras anteriores.

Como vimos en el capítulo 2, el período comprendido entre 1860 y 1914 constituyó una fase temprana de la globalización, caracterizada por la expansión de las redes de comunicación y transporte, el rápido crecimiento del comercio internacional y un enorme flujo de capitales. Gran Bretaña, a la sazón la principal de las grandes potencias mundiales, intentó extender su sistema político y sus valores culturales por todo el planeta más o menos igual que los Estados Unidos en la actualidad. Sin embargo, ese primer período de la globalización tenía un carácter visiblemente imperialista, lo que conllevaba la transferencia forzosa de recursos desde el Sur global colonizado a cambio de manufacturas occidentales. El liberalismo, ideología esencial de Gran Bretaña, tradujo un imaginario nacional, no global, en programas políticos concretos que beneficiaban al imperio a costa de sus colonias. Al final, este esfuerzo por mantener la hegemonía económica y política británica contribuyó a una grave reacción violenta en forma de frenética carrera armamentista europea que culminó en el estallido de la Gran Guerra de 1914.

En un estudio aún vigente sobre este tema, el perspicaz economista político austriaco Karl Polanyi atribuyó las causas de las crisis sociales padecidas por el mundo durante la primera mitad del siglo XX a los esfuerzos mal concebidos por liberalizar y globalizar los mercados. Los intereses comerciales acabaron dominando la sociedad mediante una implacable lógica de mercado que desvinculó efectivamente las actividades económicas de la gente de sus relaciones sociales. Las reglas competitivas del libre mercado destruyeron relaciones sociales complejas de obligación mutua y debilitaron normas y valores arraigados, como el compromiso cívico, la reciprocidad o la redistribución. Cuando amplios segmentos de la población se encontraron sin un sistema suficiente de seguridad social y de respaldo comunitario, recurrieron a medidas radicales para protegerse de la globalización de mercados apenas regulados.

Según Polanyi, estos movimientos europeos contra el capitalismo sin trabas dieron lugar, en última instancia, a la aparición de partidos políticos que impusieron la aprobación de leyes sociales protectoras a escala nacional. Tras un prolongado período de graves trastornos económicos una vez concluida la Gran Guerra, estos impulsos nacional-proteccionistas vivieron sus manifestaciones más extremas en el fascismo italiano y el nazismo alemán. Al final, el sueño liberal de subordinar todos los Estados nación a las exigencias del libre mercado generó un contra-movimiento igualmente extremista que transformó los mercados en meros apéndices del estado totalitario.

La aplicabilidad del análisis de Polanyi a la situación actual parece obvia. Como su predecesora del siglo XIX, hoy en día la globalización de los mercados también representa un colosal experimento para impulsar la desregulación económica y una cultura del consumismo en todo el mundo. Como Gran Bretaña en el siglo XIX, los Estados Unidos son ahora el principal animador del neoliberalismo, por lo que en las regiones menos desarrolladas del planeta despiertan tanta admiración como odio. No obstante, parece que la condición de superpotencia mundial de Norteamérica tiene los días contados. China, India, Rusia y las denominadas «potencias emergentes» obligarán a los EE. UU. a compartir la responsabilidad del liderazgo global.

Aun así, los que se sienten perjudicados y damnificados por una lógica global de integración económica suelen echar la culpa a las élites internacionales. Por este motivo ya nos hemos enfrentado a formas antes impensables de contragolpe nacionalista, como el Brexit del Reino Unido, la presidencia de Trump en los EE. UU., o el ascenso general de otros populismos extremistas que culpan a la globalización de los niveles crecientes de desigualdad e inseguridad. La mayoría de los expertos políticos aún subestiman la capacidad de este mensaje populista contrario a la globalización –incluso después de la asombrosa victoria de Trump en la cuna del neoliberalismo–. Trazando una línea clara entre «nosotros» y «ellos», diversos populistas nacionalistas como Donald Trump, Marine Le Pen o Nigel Farage convencieron satisfactoriamente a amplios sectores de su electorado de que respaldar a los globalistas equivalía a entregar el control de «su» país a los inmigrantes, los terroristas, las élites económicas y los burócratas anónimos que maniobraban en estructuras gubernamentales centrales.

La búsqueda de medios más inclusivos para abordar los problemas globales debe evitar el populismo nacionalista y, por el contrario, recurrir a un espíritu más cosmopolita que reivindique la creación de instituciones globales y redes cooperativas nuevas. Hace solo una década, tras las primeras manifestaciones importantes por el globalismo de la justicia, varios representantes de países ricos aseguraron a audiencias de todo el mundo que estaban dispuestos a reformar la arquitectura económica global en el sentido de que hubiera más transparencia y rendición de cuentas. Por desgracia, se han efectuado pocos avances para cumplir con estos compromisos y revocar la situación de desigualdad económica y política que sigue siendo el elemento central de numerosos problemas globales afines.

De hecho, desde hace unos años son cada vez más los expertos pertenecientes a una amplia variedad de enfoques ideológicos que apuntan a la creciente brecha entre ricos y pobres, que además incluye una división digital ascendente que separa los países del Norte y el Sur globales. En su innovador estudio sobre los cambios históricos a largo plazo en cuanto a la concentración de los ingresos y la riqueza, el economista francés Thomas Piketty sostiene que, en la mayoría de los países, los actuales niveles de desigualdad social se acercan a las sobrecogedoras diferencias que se dieron a lo largo del siglo xix. En los Estados Unidos, por ejemplo, en la década de 2010 la desigualdad con respecto a los ingresos ha regresado a los inquietantes extremos que se observaron en 1928-1929, punto álgido de «los locos años veinte». Por tanto, Piketty aconseja la implantación de un impuesto global sobre la riqueza para impedir que la galopante desigualdad alimente de nuevo al monstruo de la inestabilidad política y económica en el planeta.

Con todo, como ponen de manifiesto los *big data* recopilados recientemente por Branko Milanovic, también existen ciertas tendencias alentadoras relacionadas con la igualdad de ingresos entre los ciudadanos del mundo. En concreto, el destacado economista serbio-norteamericano documenta el crecimiento de lo que cabría denominar «clase media global», la mayor parte de la cual está ubicada en China y otras partes de la emergente región asiática. Por el lado negativo, sin embargo, Milanovic confirma las observaciones de Piketty sobre el estancamiento de grupos de clase media-baja que, a escala global, todavía viven con cierto desahogo pero que, a escala nacional, están quedándose atrás. Por último, expone pruebas claras del crecimiento de una «plutocracia global», un diminuto grupo de élites riquísimas e interconectadas que ejercen una enorme influencia política y social en todo el mundo (véase figura R). El reforzamiento de estos patrones de desigualdad no augura nada bueno para las perspectivas de la democracia en el mundo cada vez más globalizado del siglo XXI.

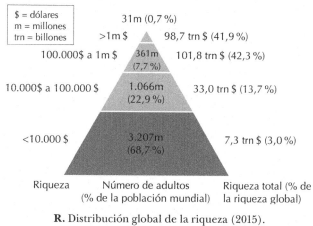

R. Distribución global de la riqueza (2015).
Fuente: Statista

Sin lugar a dudas, en las décadas y los años venideros surgirán nuevos problemas y crisis globales. La humanidad ha llegado a otra coyuntura crítica, la más importante en la existencia relativamente corta de nuestra especie. Si no queremos que los problemas globales se enconen hasta el punto de que la violencia y la intolerancia parezcan los únicos medios realistas para abordar la situación de un mundo que está integrándose de forma desigual, debemos vincular el futuro rumbo de la globalización a una agenda profundamente reformista. Como subrayé en el prefacio del libro, debemos rechazar los cantos de sirena de los populistas nacionalistas y, en vez de ello, acoger de buen grado las manifestaciones de interdependencia social que surgen a raíz de la globalización. Estos procesos sociales transformadores han de tener como faro el principio rector ético del cosmopolitismo: la creación de un orden global igualitario y verdaderamente democrático que proteja los derechos humanos universales sin destruir la diversidad cultural, esto es, la razón de ser de la evolución humana.

Referencias

Sobre la globalización hay bastante literatura académica. Sin embargo, muchos de esos libros no son de fácil acceso para quienes solo pretenden adquirir algunos conocimientos sobre el tema. En todo caso, a los lectores que ya han asimilado el presente volumen quizá les resulte más fácil acercarse a algunas de las obras académicas mencionadas al final. Aunque estas obras no agotan la larga lista de publicaciones sobre el tema, representan lo que a mi entender son las fuentes más apropiadas como lecturas adicionales. De hecho, algunas de ellas han influido en los razonamientos expuestos en el presente texto. Conforme a la organización general de esta serie de libros, sin embargo, he reducido al mínimo las citas directas. Aun así, debo reconocer mi deuda intelectual con estos autores, cuyo impacto en el libro no siempre resulta obvio a partir del texto.

Capítulo 1: Globalización: un concepto polémico

Entre los libros y textos académicos accesibles sobre la globalización publicados en los últimos años se incluyen: Jan Aart Scholte, *Globalization*, 2.ª ed. (St

Martin's Press, 2003); Saskia Sassen, *A Sociology of Globalization* (Norton, 2007) (hay trad. cast., *Una sociología de la globalización*, Buenos Aires: Katz Editores/Katz Baspol, S.L., 2009); Manfred B. Steger, *Globalisms: The Great Ideological Struggle of the 21st Century* (Rowman & Littlefield, 2009); y George Ritzaer y Paul Dean, *Globalization: A Basic Text*, 2.ª ed. (Wiley-Blackwell, 2015).

Para colecciones representativas de ensayos y pasajes influyentes sobre la globalización, véase George Ritzer (ed.), *The Blackwell Companion to Globalization* (Blackwell, 2007); Manfred B. Steger, Paul Battersby y Joseph Siracusa (eds.), *The SAGE Handbook of Globalization*, 2 vols. (Sage Publications, 2014); y Frank J. Lechner y John Boli (eds.), *The Globalization Reader*, 5.ª ed. (Wiley Blackwell, 2015). *Comunicación y Poder*, de Manuel Castells (Madrid: Alianza Editorial, 2014), cartografía los contornos de la actual «sociedad de redes globales». Para comprender la globalización, se puede encontrar un esclarecimiento exhaustivo de destacados enfoques teóricos en Barrie Axford, *Theories of Globalization* (Polity, 2014).

Actualmente, hay varias revistas académicas excelentes dedicadas al estudio de la globalización. Entre las más influyentes se incluyen: *Globalizations, Global Networks, New Global Studies* y *Journal of Critical Globalization Studies*.

Para una introducción al campo transdisciplinar de los estudios globales, véase Manfred B. Steger y Amentahru Wahlrab, *What Is Global Studies? Theory and Practice* (Routledge, 2017).

La información sobre el Mundial de 2014 de este capítulo se puede obtener de la siguiente fuente de internet: https://www.fifa.com/worldcup/archive/brazil2014/teams/team=43924/index.html.

La parábola de los eruditos ciegos y el elefante probablemente tenga su origen en el Udana del Canon Pali budista, una recopilación de historias budistas del siglo II a. C.. Las numerosas versiones de la parábola se extendieron también a otras religiones, en especial el hinduismo y el islam. Mi agradecimiento al profesor Ramdas Lamb, de la University of Hawai'i-Mānoa por contarme la historia.

Capítulo 2: La globalización en la historia: ¿es la globalización un fenómeno nuevo?

Mi análisis de la primera parte de este capítulo ha sacado mucho partido de los argumentos de Jared Diamond en su premio Pulitzer *Guns, Germs, and Steel* (Norton, 1999) (hay trad. cast., *Armas, gérmenes y acero*, Barcelona: DeBolsillo, 2007). Recomiendo también una historia muy amena de la globalización recopilada por Nayan Chanda, *Bound Together: How Traders, Preachers, Adventurers, and Warriors Shaped Globalization* (Yale University Press, 2007).

Entre los libros fundamentales que examinan el creciente campo de la historia global se incluyen: Bruce Mulisch, *The New Global History* (Routledge, 2006); Pamela Kyle Crossley, *What is Global History?* (Polity, 2008); Jürgen Osterhammel y Niels P. Petersson, *Globalization: A Short History* (Princeton University Press, 2009); Dominic Sachsenmeier, *Global*

Perspectives on Global History: Theories and Approaches to a Connected World (Cambridge University Press, 2011); y Sebastian Conrad, *What Is Global History?* (Princeton University Press, 2016) (hay trad. cast., *Historia global: una nueva visión para el mundo actual*, Barcelona: Ed. Crítica, 2017). Dos excelentes revistas sobre el tema son: *Journal of World History* y *Journal of Global History*.

Una descripción accesible de la «teoría del sistema mundial» escrita por Immanuel Wallerstein se puede encontrar en su *World-System Analysis: An Introduction* (Duke University Press, 2004).

Capítulo 3: La dimensión económica de la globalización

Debemos enfoques accesibles de la globalización económica a Joseph Stiglitz, *Making Globalization Work* (W. W. Norton, 2007) (hay trad. cast., *Cómo hacer que funcione la globalización*, Madrid: Ed. Taurus, 2006); Pietra Rivoli, *The travels of a T-Shirt in the Global Economy*, 2.ª ed. (Wiley, 2015); y Peter Dicken, *Global Shift: Mapping the Contours of the World Economy*, 7.ª ed. (The Guilford Press, 2015).

Podemos encontrar una perspectiva general del neoliberalismo en Manfred B. Steger y Ravi K. Roy, *Neoliberalism: A Very Short Introduction* (Oxford University Press, 2010) (hay trad. cast., *Neoliberalismo: una breve introducción*, Madrid: Alianza Editorial, 2011).

El mejor análisis breve de la Crisis Financiera Global es de Robert J. Holton, *Global Finance* (Routledge,

2012). Se puede encontrar una explicación solvente de los orígenes y la evolución de la CFG en Joseph Stiglitz, *Freefall: America, Free Markets, and the Sinking of the World Economy* (Norton, 2010) (hay trad. cast., *Caída libre: el libre mercado y el hundimiento de la economía mundial,* Madrid: Ed. Taurus, 2010).

Mi breve resumen de la crisis de la deuda griega se ha basado en el artículo «Greece's Debt Crisis Explained» del *New York Times,* International Business Editorial (9 noviembre 2015): http://www.nytimes.com/interactive/2015/business/international/greece-debt-crisis-euro.html. Contamos con un corto resumen del impacto de la ralentización económica china en Chris Giles, «World economy feels the impact when China takes a knock», *Financial Times* (7 enero 2016): https://www.ft.com/content/30441208-b548-11e5-b147-e5e5bba42e51.

Los hallazgos del innovador estudio sobre las redes de ETN a las que se hace referencia en este capítulo se pueden encontrar en Stefania Vitali, James B. Glattfelder y Stefano Battiston, «The Network of Global Corporate Control», *PLOS ONE* 6 (10) (octubre 2011), pp. 1-6.

Las mejores fuentes de datos empíricos sobre la globalización económica son las ediciones anuales del *Informe sobre Desarrollo Humano* de la ONU (Oxford University Press), el *Informe del Desarrollo Mundial* del Banco Mundial (Oxford University Press) y las *Estadísticas del Comercio Mundial* de la OMC.

Capítulo 4: La dimensión política de la globalización

Tenemos una descripción accesible del modelo westfaliano en David Held, Anthony McGrew, David Goldblatt y Jonathan Perraton, *Global Transformation* (Stanford University Press, 1999), pp. 37-38. Mi propio análisis de la globalización política se ha beneficiado mucho de las percepciones contenidas en el capítulo 1 de este estudio. Otra excelente introducción a la globalización política es la de John Baylis y Steve Smith, *The Globalization of World Politics*, 6.ª ed. (Oxford University Press, 2014).

Para los argumentos de los globalizadores, véanse Martin Wolf, *Why Globalization Works* (Yale University Press, 2005); y Kenichi Ohmae, *The End of the Nation-State* (Free Press, 1993) (hay trad. cast., *El fin del estado–nación*, Santiago: Ed. Andrés Bello, 1997). Para la postura de los escépticos de la globalización, véanse John Ralston Saul, *The Collapse of Globalization* (Viking, 2005); y Peter Gowan, *The Global Gamble* (Verso, 1999) (hay trad. cast., *La apuesta por la globalización: la geoeconomía y la geopolítica del imperialismo euro-estadounidense*, Madrid: Ed. Akal, 2000). El importante trabajo de Saskia Sassen sobre territorialidad y ciudades globales incluye razonamientos tanto globalistas como escépticos. Véanse, por ejemplo, *Territory, Authority, Rights: From Medieval to Global Assemblages* (Princeton University Press, 2008) (hay trad. cast., *Territorio, autoridad y derechos: de los ensamblajes medievales a los ensamblajes globales*, Buenos Aires: Katz Editores/Katz Baspol S.L., 2010); y *The Global City, New York, London, Tokyo*, 2.ª ed. (Princeton University Press, 2001).

Sobre el tema de la política, la economía, las políticas públicas y la gobernanza a escala global, véanse James H. Mittelman, *Hyperconflict: Globalization and Insecurity* (Stanford University Press, 2010); Jan Aart Scholte, *Building Global Democracy: Civil Society and Accountable Global Governance* (Cambridge University Press, 2011); y Thomas G. Weiss, *Global Governance: Why What Whither* (Polity Press, 2013).

Para un informe completo hecho público por MSF sobre la epidemia de Ébola 2013-2016, véase http://www.doctorswithoutborders.org/our-work/medical-issues/ebola.

Los elementos de la democracia cosmopolita de David Held están sacados de Daniele Archibugi y David Held (eds.), *Cosmopolitan Democracy* (Polity Press, 1995), pp. 96-120.

Capítulo 5: La dimensión cultural de la globalización

Para un estudio exhaustivo de las dimensiones culturales de la globalización, véase Jan Nederveen Pieterse, *Globalization and Culture; Global Melange*, 3.ª ed. (Rowman & Littlefield, 2015).

Para los razonamientos de los globalizadores pesimistas, véase Benjamin Barber, *Consumed* (W. W. Norton and Company, 2007). Para los razonamientos de los globalizadores optimistas, véase Thomas L. Friedman, *The World Is Flat 3.0: A Brief History of the Twenty-First Century* (Picador, 2007) (hay trad. cast., *La tierra es plana: breve historia del mundo globalizado del siglo XXI*, Barcelona: Ed. Martínez Roca,

2013). Para los razonamientos de los escépticos, véase Arjun Appadurai, *Modernity at Large* (University of Minnesota Press, 1996); y Roland Robertson, *Globalization* (Sage, 1992).

Para el papel esencial de los medios globales, véase Jack Lule, *Globalization and the Media: Global Village of Babel*, 2ª ed. (Rowman & Littlefield, 2015).

Sobre el inglés como lengua global, véase Robert McCrum, *Globish: How the English Language Became the World's Language* (W. W. Norton, 2010).

Capítulo 6: La dimensión ecológica de la globalización

Un libro accesible aunque notablemente exhaustivo sobre la globalización económica es el de Peter Christoff y Robyn Eckersley, *Globalization and the Environment* (Rowman & Littlefield, 2013). Mis planteamientos en este capítulo deben mucho a las percepciones expuestas por los autores en su erudito estudio.

Para una introducción concisa a los problemas del cambio climático global que también echa por tierra los mitos de quienes niegan dicho cambio, véase Joseph Romm, *Climate Change: What Everyone Needs to Know* (Oxford University Press, 2016).

Para un breve pero exhaustivo resumen de los efectos del cambio climático global, véase Melissa Denchak, «Are the Effects of Global Warming Really that Bad?» (15 marzo 2016), https://www.nrdc.org/stories/are-effects-global-warming-really-bad. Para el Informe Stern, véase Nicholas Stern, *The Econo-*

mics of Climate Change: The Stern Review (Cambridge University Press, 2007) (hay trad. cast., *El Informe Stern: la verdad sobre el cambio climático*, Barcelona: Ed. Paidós, 2008).

La quinta edición de la *Previsión Medioambiental Global* del Programa de la ONU para el Medio Ambiente (2013) se puede encontrar en: http://www.unep. org/climatechange/. El texto completo de *Laudato Si* del papa Francisco I se puede encontrar en: http:// w2.vatican.va/content/francesco/en/encyclicals/ documents/papa-francesco_20150524_enciclica-lau- dato-si.html.

Para un breve resumen de la Cumbre del Clima de París, véase Helen Briggs, «Global Climate Deal: In Summary», BBC News, http://www.bbc.com/news/ science-environment-35073297.

Capítulo 7: Ideologías de la globalización: globalismo de los mercados, globalismo de la justicia, globalismos religiosos

Para una descripción más detallada de las dimensio- nes ideológicas de la globalización, véanse Manfred B. Steger, *The Rise of the Global Imaginary: Political Ideologies from the French Revolution to the Global War on Terror* (Oxford University Press, 2009); y *Globalisms: The Great Ideological Struggle of the 21st Century*, 3.ª ed. (Rowman & Littlefield, 2009).

Entre las explicaciones amenas de la globalización desde una perspectiva globalista de los mercados se incluyen: Jagdish Bhagwati, *In Defense of Globalization* (Oxford University Press, 2007) (hay trad. cast., *En defensa de la globalización: el rostro humano de un mundo global*, Madrid: Ed. Debate, 2005); y Daniel Cohen, *Globalization and its Enemies* (MIT Press, 2007).

Se pueden encontrar afirmaciones e información de los globalistas de la justicia sobre el movimiento de la justicia global en general en: Manfred B. Steger, James Goodman y Erin K. Wilson, *Justice Globalism: Ideology, Crises, Policy* (Sage, 2013); y Geoffrey Pleyers, *Alter-Globalization: Becoming Actors in the Global Age* (Polity, 2010).

Contamos con una accesible introducción a la evolución y a las ideas del movimiento Occupy de los EE. UU. en Nicholas Smaligo, *The Occupy Movement Explained* (Open Court, 2014).

Para un perspicaz examen del impacto de la globalización en el islam, véase Nevzat Soguk, *Globalization and Islamism: Beyond Fundamentalism* (Rowman & Littlefield, 2011). Tenemos dos excelentes análisis académicos del globalismo yihadista y sus filiales en: Olivier Roy, *Globalized Islam: The Search for the New Ummah* (Columbia University Press, 2006); y Roel Meijer, *Global Salafism: Islam's New Religious Movement* (Oxford University Press, 2014).

Los extractos de discursos y escritos de Osama bin Laden han sido extraídos de Raymond Ibrahim (ed.), *The Al Qaeda Render* (Broadway Books, 2007); y Bruce Lawrence (ed.), *Messages to the World: The Statements of Osama bin Laden* (Verso, 2003) (hay trad. cast., *Mensajes al mundo: los manifiestos de Osama bin Laden*, Madrid: Foca Ediciones y Distribuciones Generales, 2007).

Capítulo 8: El futuro de la globalización

Para el clásico análisis de la reacción contraria a la globalización en el período de entreguerras, véase Karl Polany, *The Great Transformation* (Beacon Press, 2001 [1944]) (hay trad. cast., *La gran transformación*, Madrid: Ed. Endymion, 1989).

Sobre el tema de la desigualdad global, véanse Thomas Piketty, *Capital in the Twenty-First Century* (The Belknap Press, 2014) (hay trad. cast., *El Capital en el siglo XXI*, Madrid: Fondo de Cultura Económica, 2014); Branko Milanovic, *Global Inequality: A New Approach for the Age of Globalization* (The Belknap Press, 2016); y Robert J. Holton, *Global Inequalities* (Palgrave Macmillan, 2014).

Índice analítico